Andy Lang

Auf den Pfaden der Freiheit

Andy Lang

Auf den Pfaden der Freiheit

Unterwegs zu einem erfüllten Leben

KREUZ

Zahlreiche Texte dieses Buches sind bei irischen Pilgerreisen entstanden, zu denen der Autor jährlich Menschen einlädt, die in die geistliche Tiefe und kulturelle Weite der Grünen Insel eintauchen wollen. Ausführliche Informationen gibt es unter www.andy-lang.de

MIX
Papier aus verantwor-
tungsvollen Quellen
FSC
www.fsc.org
FSC® C106847

© KREUZ VERLAG
in der Verlag Herder GmbH, Freiburg im Breisgau 2012
Alle Rechte vorbehalten
www.kreuz-verlag.de

Umschlaggestaltung: agentur IDee
Umschlagfoto: © shutterstock

Satz: de·te·pe, Aalen
Herstellung: fgb · freiburger graphische betriebe
www.fgb.de

ISBN 978-3-451-61082-0

Inhalt

Präludium   7

1. Der Kreis der Zugehörigkeit –
   Zu Hause sein bei mir   11

2. Im Rhythmus der Natur –
   Der Gleichklang von Ruhe und Arbeit   25

3. Schöpfungsklänge –
   Alles Lebendige singt von Gott   39

4. Hingabe wagen –
   Das Gebet ist die Pforte zur Schönheit   59

5. Offen sein und weit werden –
   der Freiheit Raum geben   91

6. Vergehen und neu werden –
   Jenseits des Schleiers wartet das Morgenrot   123

7. Licht am Horizont – Alles ist eins   153

Epilog: Der eigene Weg   174

Für Corien, Arthur und Kira

Folge deinem Weg. Nur für dich ist er da. Und nur du kannst ihn beschreiten. Er führt dich in die Weiten deines eigenen Lebens. Wenn du es zulässt, führt dein Weg dich auch in die Tiefe. Dort wirst du verwandelt. Hab keine Angst. ER hat ein Licht in dein Herz gelegt, und wenn du dich nicht fürchtest, es scheinen zu lassen, wird es deinen Weg erhellen. Und dich an den Ort führen, an den du gerufen bist: den Ort, an dem du deine Bestimmung leben kannst und an dem du beginnst, von innen zu strahlen. So wirst du die Welt verwandeln – deine Welt, unsere Welt.

Andy Lang

PRÄLUDIUM

Nur ein Meister der Verbindlichkeit kann eintauchen in die weiten Gefilde der Freiheit.

Freiheit ist unbequem. Wir können niemandem anderen die Schuld geben. Wir müssen bei uns selber anfangen. Und wir haben keine Ausreden mehr. Freiheit ist anstrengend. Dennoch liegt auf ihr die Verheißung, denn nur durch sie können wir in den Menschen hineinwachsen, zu dem wir einst geschaffen wurden.

Freiheit ist das Gegenteil von Fülle. Es ist vielmehr ein Leerwerden, ein Sich-Entäußern, ein bewusstes Schrumpfen.

Gott ist ein Gott des Lebens. Er ist der Geist der Freiheit. Gott ist die Liebe. Und die lässt keine Ungerechtigkeit zu. Es ist die subtilste und gefährlichste Ungerechtigkeit, wenn wir hinter unseren eigenen Möglichkeiten zurückbleiben.

Mit diesen Worten, denen Sie bei der Lektüre des vorliegenden Buches wieder begegnen werden, möchte ich Ihre Lust wecken, mir auf manchmal geraden, manchmal verschlungenen Pfaden zu folgen. Ich habe hier keine Monografie zum Thema Freiheit geschrieben. Vielmehr sind in diesem Buch Texte vereinigt, die auf meinen Pilgerreisen nach Irland entstanden sind.

Seit sechs Jahren darf ich wunderbare Menschen führen und mit ihnen zusammen die Schönheit, die Wildheit und die Tiefe der Grünen Insel erforschen. Auf unseren langen Wanderungen folgen wir unserem eigenen Rhythmus von Schweigen und Sprechen, von Staunen und Denken. Wie die irische Landschaft sind diese Texte darum auch nicht geradlinig und analytisch, sondern weben ihr eigenes Gewand, das so bunt ist wie das Leben selbst. Die Zwischentexte sind poetische Vertiefungen und viele von ihnen sind von lieben Freunden und

Mitpilgern geschrieben. Ganz besonders danken möchte ich hier meiner Freundin Anja Erz-Holschuh.

Meine Gedanken zur Freiheit beginnen mit der Verbundenheit: Nur wenn wir einem *Kreis der Zugehörigkeit* vertrauen, haben wir die Zuversicht und Gewissheit, auch in der Weite und Fremde uns selbst nicht zu verlieren. *Im Rhythmus der Natur* zu leben, befähigt uns, die richtige Balance zwischen Anspannung und Entspannung zu finden und unserer Berufung zu folgen, Mitschöpfer zu sein in dieser Welt. Dann können wir auch eintauchen in die Schönheit, die uns von allen Seiten umgibt. Wir werden wach für die Wahrheit: *Alles Lebendige singt von Gott*. Dieser Gesang vollzieht sich in seiner ganzen Tiefe als Gebet. Jenseits von frommen Äußerungen und Worthülsen bezieht dieses Gebet unseren Körper und seine Sinnlichkeit ebenso mit ein, wie es versteht, dem ewigen Lob der Mitgeschöpfe zu lauschen und sie zu achten. *Das Gebet ist die Pforte zur Schönheit*. Die Verbindung mit dem Quellgrund unseres Seins ist eine umfassende Hingabe an die Wirklichkeit, aus der wir kommen. Unser Körper, unser Geist, unsere Sinne und die Welt, in die wir eingebettet sind, sind Wege, diese Verbindung zu leben und sie auszudrücken.

Im Herzstück des Buches beschreibe ich Freiheit als Geschenk. Sie ereignet sich. Wir können sie nicht machen, produzieren oder herbeizwingen. Aber sie stellt sich für den ein, der sich selbst verschenkt. Ihre Frucht heißt: *offen sein und weit werden*.

Der Moment der endgültigen Entgrenzung und die Schwelle zu unserer großen Freiheit ist unser Tod. Ich versuche, mich ihm behutsam als dem »Bruder Tod« zu nähern und in ihm das Potenzial zur Verwandlung zu entdecken. *Vergehen und Neu-Werden* gehören zusammen und ich berge mich in der Hoffnung: *Jenseits des Schleiers wartet das Morgenrot!*

Wie die Abgründe unseres Lebens und unsere Dunkelheit in eine lichtvolle Gegenwart verwandelt werden können und wie in der Mitte der Nacht alle Gegensätze zusammenfallen werden, kann ich nicht erklären. Staunend, von den Kindern lernend, taste ich nach diesem letzten Geheimnis unseres Lebens und strecke mich aus nach dem *Licht am Horizont.*

Statt dieses Buch von vorne bis hinten durchzulesen, lade ich Sie als meine Leserinnen und Leser ein, kreisend, meditierend, vielleicht sogar tanzend Texte zu lesen, das Buch beiseitezulegen, zu träumen, einem Gedanken im neuen Tag zu folgen, ein Gedicht abzuschreiben und einem Freund zu senden, eine Geschichte mit einem lieben Menschen zu teilen. Und schließlich: eigene Gedanken, Haltungen, Gewissheiten zu entwickeln und von dort aus zu wachsen.

Dieses Buch ist die Fortsetzung meines ersten Bandes: »An die Quellen der Sehnsucht. Das eigene Leben entdecken.« Die Geschichte geht weiter. In Irland, in Deutschland, im Alltag.

Ich freue mich auf Reaktionen, Widersprüche, Begegnungen – vielleicht auch in Irland oder in meiner Konzertscheune in Gefrees oder bei einem Konzert oder einer Lesung …

Herzlich
Ihr Andy Lang

1. DER KREIS DER ZUGEHÖRIGKEIT – ZU HAUSE SEIN BEI MIR

Nur ein Meister der Verbindlichkeit kann eintauchen in die weiten Gefilde der Freiheit.

Wenn wir einem Kreis der Zugehörigkeit vertrauen und ihm angehören, haben wir die Zuversicht und Gewissheit, auch in der Weite und Fremde uns selbst nicht zu verlieren.

Diese Hingabe an unsere Zugehörigkeit ist der Ort, an dem wir zu Hause ankommen bei uns selbst. Das kann ein ganzes Leben dauern, aber dieser Weg ist mit einer großen Verheißung gesegnet: Ich darf mein eigenes Leben bewohnen; ich werde Heimat erfahren und Geborgenheit schenken können.

Abhängigkeit wagen

Wir leben alle in Beziehungen, die uns prägen. Aber der Begriff »Beziehung« ist zu einem hochstilisierten Wort in unserer Kultur geworden: Beziehungsdrama, Beziehungskiste, Beziehungsarbeit, Beziehungsberatung, Beziehungsschwierigkeiten. Hollywood ist ein klarsichtiger Spiegel unserer Gesellschaft: kaum ein erfolgreicher Leinwandstreifen, der ohne Beziehungsinszenierung auskommt. Die Abgründe unserer Seele tun sich nirgendwo so sichtbar auf wie in unserem Beziehungsleben. Und dennoch kommen wir nicht ohne ein Leben in gegenseitigen Abhängigkeiten aus – wir können nicht ohne den Kreis der Zugehörigkeit leben.

Wir Menschen sind als Wesen geschaffen, die einander zur Entfaltung brauchen. Ohneeinander verkümmern wir zu kleingeistigen, engstirnigen, armseligen Geschöpfen. Das perfekte

Bild eines solchen Kleingeistes ist die literarische Figur des Ebenezer Scrooge aus Charles Dickens wunderbarem Weihnachtsmärchen. Ein alter Geizkragen, der nur sich und seinen Profit im Sinn hat und alles Schöne, Helle und Fröhliche nicht nur mit beißendem Zynismus verachtet, sondern geradezu bekämpft. Erhellend für unser Thema ist die Szene, in der Scrooges Neffe seinem alten, vereinsamten Onkel Frohe Weihnachten zu wünschen versucht:

»Frohe Weihnachten, Onkel! Gott behüte Sie!«, rief eine heitere Stimme – die Stimme von Scrooges Neffen ... »Pah«, sagte Scrooge, »dummes Zeug!«

»Wie Onkel, Sie halten das Christfest für dummes Zeug?«, versetzte Scrooges Neffe. »Das kann nicht wahrhaftig Ihr Ernst sein.«

»Doch«, sagte Scrooge. »Frohe Weihnachten! Was für ein Recht hast du, froh zu sein? Du bist arm genug.«

»Ei«, entgegnete der Neffe heiter, »was für ein Recht haben Sie, mürrisch zu sein? Sie sind reich genug.«

Scrooge, der für den Augenblick nichts Besseres zu antworten wusste, erwiderte abermals: »Pah!« und ließ wiederum »Dummes Zeug« darauf folgen.

»Seien Sie nicht so übellaunig, Onkel!«, sagte der Neffe.

»Wie kann man es nicht sein«, entgegnete der Onkel, »wenn man in einer solchen Welt voll Narren lebt? Frohe Weihnachten! Bleib mir damit vom Leib! Was ist Weihnachten anderes für dich als eine Zeit, in der du Rechnungen zu bezahlen und kein Geld dafür hast – eine Zeit, die dich um ein Jahr älter und nicht um eine Stunde reicher gemacht hat – eine Zeit, in der du Bilanz ziehst, in der jeder Posten durch die ganze Reihe der zwölf Monate auf der Sollseite steht? Wenn ich könnte, wie ich möchte«, fuhr Scrooge unwillig fort, »so müsste mir jeder Dummkopf, der mit einem ›Frohen Weihnachten‹ auf den Lippen umhergeht, mit seinem eigenen Pudding gekocht und mit einem Stechpalmenzweig im Herzen begraben werden. Ja, so wäre es recht!«[1]

Trotz intensiven und liebevollen Bittens dringt der Neffe nicht zu seinem versteinerten Onkel durch. Was ihm nicht gelingt, bewirken im Laufe der Geschichte die drei Geister der vergangenen, gegenwärtigen und zukünftigen Weihnacht, indem sie den alten Scrooge mit den Bildern seiner Vergangenheit in Berührung bringen. In einer wahrhaft therapeutischen Traumnacht reist der verknöcherte Alte durch sein Leben und nimmt Kontakt auf mit den positiven Sehnsüchten seines früheren Selbst, die ihm schließlich den Weg zum Leben weisen. Der Geist seines verstorbenen Geschäftspartners Marley fasst dies so zusammen: »Es wird von jedem Menschen verlangt, dass seine Seele umherwandre unter seinen Mitmenschen und sich weit und breit hin tätig zeige; tut sie es im Leben nicht, so trifft sie der Fluch, es nach dem Tode tun zu müssen. Sie ist verurteilt, durch die Welt zu wandern ... – und Zeuge dessen zu sein, was sie nicht genießen kann, obwohl es ihr auf Erden möglich gewesen wäre und sie ihr Glück darin gefunden hätte.«[2]

Natürlich ist Ebenezer Scrooge eine fantastische Übertreibung der Nicht-Zugehörigkeit – oder wenn wir es modern ausdrücken wollen: des isolierten Menschen. Charles Dickens hat seine britischen Zeitgenossen so sehr mit dieser Gestalt beeindruckt, dass deren Name zum Programm wurde: »*scrooge*« bedeutet noch heute im Englischen so viel wie »geizig und gemein«.

Martin Luther meinte das Gleiche, als er die Ursünde des Menschen in einem aussagekräftigen Bild zusammenfasste: Es ist der Mensch, der vom Leben abgetrennt ist und so in sich selbst verdreht ein verkorkster Schneckenhausmensch wird. Auf Lateinisch klingt das dann gelehrt und prägnant zugleich: »*homo incurvatus in se ipse*«. Interessant dabei ist auch, dass das Wort Sünde ursprünglich gar keine einzelne moralische Verfehlung bezeichnete und auch im Neuen Testament kaum im Plural, sondern stets im Singular gebraucht wird. Hier wird also die Sünde als Gegenkraft zum Leben beschrieben und nicht als Ansammlung aller möglichen kleinen Vergehen. Das alte deutsche Wort Sund bezeichnet eine Meeresvertiefung zwischen dem Festland und einer (Halb-)Insel, so wie noch heute der Stralsund die Insel Rügen vom Festland und der gleichnamigen Stadt trennt. Sünde ist also der Urbegriff für Abgetrenntsein, für ein hohles Leben, fern von Gott und Menschen.

Der Kreis der Zugehörigkeit

Die Zugehörigkeit ist das Gegenbild zur Sünde im eben beschriebenen Sinne. In einer archaischen Gesellschaft wie bei den Kelten und auch bei den Hebräern ist das Überleben vom Kreis der Zugehörigkeit abhängig. Das Leben im Sippenverband oder im übergeordneten Stamm ist der Schutz vor den Gefahren der Natur oder der Willkür feindlicher Stämme und Völker. Eine Verbannung aus diesem Kreis kam häufig einem Todesurteil gleich. Deswegen sind bis heute beispielsweise in Irland verwandtschaftliche Beziehungen und die Familie etwas Heiliges. Auch wenn nicht immer alles leicht und locker ist, man steht zueinander und hilft sich gegenseitig aus. Noch in den Achtzigerjahren des letzten Jahrhunderts sandten irische Gastarbeiter in England ihr Geld nach Hause, um dort die Großfamilie über Wasser zu halten. Natürlich hat sich heute auch in der irischen Gesellschaft die Tendenz zur Kleinfamilie bzw. sogar zum Singlehaushalt bemerkbar gemacht. Und dennoch scheint aus den alten Zeiten noch die Verehrung der Familie herüber.

Dieser Kreis setzt sich übrigens nicht nur aus den Lebenden, sondern auch aus den bereits in die andere Welt vorangegangenen Mitgliedern zusammen. Ich will kein Familienidyll aus längst vergangenen Zeiten beschwören, in denen es ja auch viel Leid gegeben hat. Eitle, machthungrige Patriarchen, unterdrückte Frauen und als billige Arbeitskräfte missbrauchte Kinder waren auch bei uns bis ins 20. Jahrhundert in ländlichen Gebieten und großfamiliären Strukturen keine Seltenheit. Und dennoch erleben wir heute am eigenen Leib die Schattenseiten unserer individualisierten Kultur, in der die größtmögliche Freiheit des Einzelnen als höchster Wert gehandelt wird. Doch es gibt keine wahre Freiheit ohne Verbindlichkeit. Und oft führt das, was uns als Freiheit verkauft werden soll, in neue Abhängigkeiten oder in die Einsamkeit. Die alleinerziehende Mutter zweier Kinder in einer Großstadt wird nicht viel Muße haben, sich gedanklich mit dem Kreis der Zugehörigkeit zu beschäftigen, weil sie ihre Hauptkraft auf das Überleben und die Organisation des Alltags ihrer kleinen Familie richten muss. Aber gerade für sie wäre die Erfahrung immens wichtig: Ich gehöre zu einem größeren Kreis, durch den ich Hilfe, Unterstützung, Ermutigung und konstruktive Kritik erfahren kann.

In meinem Ort gibt es ein ermutigendes Gegenbeispiel: Vor gut 80 Jahren wurden einem Müller und seiner Frau drei Söhne geboren. Der Jüngste von ihnen übernahm die Mühle und den harten Beruf des Vaters, die beiden Älteren konnten sich beruflich anders verwirklichen und bekamen ein Stück Land, auf dem jeder sich ein Haus baute. Die beiden älteren Brüder heirateten zwei Schwestern. Die Söhne und ihre Frauen bekamen sieben Kinder, die auf dem weitflächigen Terrain der Familie miteinander aufwuchsen und spielten. Auch die Enkel der Müllersöhne, also die Großcousins und -cousinen, hatten einander als Spielkameraden und die ganze Sippe trifft sich heute noch regelmäßig zu Familien- und Jahresfesten und wenn gemeinsame Aktionen anstehen: miteinander schmieden, Bäume fällen, Fischweiher ablassen. Natürlich gibt es auch in dieser Großfamilie Sympathien und Antipathien, alte Wunden und viele Geschichten. Aber sie führen ein zufriedenes Leben miteinander, sie nehmen am Leben ihrer Verwandten regen Anteil, genießen zusammen und unterstützen sich immer wieder. Sie wirken wie eine verschworene Bande, die nichts entzweien kann.

Zueinander stehen

Eine gute Freundin von mir hat mit ihrem Mann sechs Kinder. Kurz nach der Geburt ihrer jüngsten Tochter wurde ihre Älteste schwanger und gebar auch ein Mädchen. So hatte meine Freundin eigentlich sieben Kinder, von denen manche heute noch zu Hause leben und wiederum Kinder bekommen haben. Obwohl dies ein sehr anstrengendes und gewiss nicht unabhängiges Leben ist, erscheinen mir meine Freunde als eines der lebhaftesten und glücklichsten Paare, die ich kenne: Sie sprühen vor Unternehmungslust und sind immer hilfsbereit und zugewandt. Als Vater von lediglich zwei Kindern kann ich da nur staunen. Was ist bei all den Verpflichtungen und Belastungen die Quelle ihres Glücks?

Ich glaube, sie haben immer aneinander festgehalten und haben ihre Beziehung auch in Herausforderung und Krisenzeiten nicht infrage gestellt. Natürlich hätte es gewiss Zeiten gegeben, in denen ihm oder ihr getrennte Wege als unproblematischer und leichtfüßiger erschienen wären. Aber nicht zuletzt ihr Glaube hat sie bei- und ineinander gehalten und lässt sie bis heute noch täglich die Frucht ihrer Zugehörigkeit genießen.

Diesen Gedanken – dass sich Treue lohnt – habe ich vor einiger Zeit in einem Lied mit dem Titel »*The Raven*« (Der Rabe) festgehalten:

Eine Rabenliebe

»Meine Liebe ist wie ein Rabe, der seine Flügel ausbreitet und fliegt. Weithin über Täler und Weidenwälder. Und wie die Weide mit ihren Ästen aus dem See trinkt und von ihren tief gegründeten Wurzeln lebt, so wird sie auch dem schwarzen Raben Zuflucht sein und ihm Ruhe und Kraft schenken.«

Andy Lang

Nachdem ich das Lied zum ersten Mal bei einem Konzert gespielt hatte, stellte sich ein Mann vom Vogelschutzbund vor und verriet mir, dass Raben (und Schwäne) als einzige heimische Vogelart monogam lebten – ein interessantes Detail, das ich beim Songschreiben gar nicht gewusst hatte. Seitdem gibt es immer wieder Menschen, die mich ganz gezielt auf dieses Lied hin ansprechen oder es sich sogar bei ihrer Trauung wünschen. Eine Konzertbesucherin schrieb mir, sie sei Mutter von vier Kindern und seit vier Jahren Witwe. Es habe sehr wehgetan, als ihr Partner – nach über einem viertel Jahrhundert erfüllter Liebe – aus dem Kreis ihrer Zugehörigkeit gerissen wurde.

Aber nun hat sie sich wieder verliebt – sie empfindet es als Himmelsgeschenk – und hat doch große Probleme, dieses Geschenk anzunehmen. Kann sie sich darauf überhaupt einlassen? Mit diesen bohrenden Fragen kam sie zum Konzert. Sie schreibt: »Und dann singst du von der Rabenliebe … der beständigen, der Liebe auch im Schweren. Das traf genau ins Schwarze bei mir. Ich habe es neben meinen Spiegel geschrieben, das Neue, es darf wieder eine »Rabenliebe« werden! Ich will durchhalten, das Neue schätzen lernen, dem Wachsen geduldig zusehen.«

Eine Rabenliebe ist vielleicht nicht immer gestylt und attraktiv. Vielleicht ist sie zerzaust von all den Lebenswinden und schon ein bisschen angegraut. Wahrscheinlich sogar hat sie Federn gelassen. Auf dem Laufsteg der Schönen und Reichen könnte sie sich vermutlich nicht sehen lassen. Aber sie ist schön. Von innen schön. Sie hat eine Würde, die ihr nicht leicht zu nehmen ist. Und sie kennt ihre Kraft, denn sie hat Höhen und Tiefen hinter sich.

Ich sage all dies in Respekt vor der Entscheidung von Menschen, die ihren Weg nicht mehr miteinander gehen können. Es gibt viele Stolpersteine und Hindernisse auf einem gemeinsamen Weg und selbst harte »Beziehungsarbeit« ist kein Garant für gelingende Zugehörigkeit. Der Kreis der Zugehörigkeit ist vielmehr ein Geschenk, das wir uns nicht verdienen können. Aber wir dürfen darüber staunen – und uns selbst sorgsam darin betten. Jedenfalls geht es nicht ums Festhalten – der Kreis der Zugehörigkeit kennt keinen Zwang.

Sicherheit aufgeben

Die irischen Mönche haben es sehr schnell begriffen, dass auf dem Loslassen Segen liegt. Für sie, die ihre Insel so sehr liebten und sich dort zugehörig wussten, war das größte Opfer die Aufgabe jener Sicherheit und Geborgenheit. Was für die heidnischen Iren die schlimmste Strafe war – die Verbannung aus der Heimat und dem Stamm –, wussten die Mönche als geistliche Aufgabe zu gestalten: Die »*Peregrinatio propter Christum*« – das Verlassen der Heimat um Christi willen – wurde zum großen Segen für Europa: Viele der Mönche zogen nach Osten, nach Schottland und England, und von dort in immer wiederkehrenden Missionsbewegungen auf das europäische Festland. Ihre wahre Zugehörigkeit definierten sie nicht über das Stück Land, auf dem sie geboren waren – sosehr sie dies auch liebten. Ihr Herz war geborgen in Christus und in seinem Frieden waren sie wahrhaft zu Hause bei sich selbst. Da konnten sie auch als Einsiedler auf einer kleinen, sturmumtobten Insel vor der Küste hausen und waren dennoch nicht einsam. Ein Gedanke, der für unsere heutige vernetzte Welt ungeheuerlich erscheint.

Die Insel war in der altirischen Frömmigkeit ein heiliger Ort des Rückzugs und der Inspiration. Selbst die jenseitige Welt stellten sich die Kelten als Insel vor, irgendwo weit im Westmeer liegend. Und so war es vielmehr eine Reise ins Paradies als eine Expedition, die den heiligen Brendan ausziehen ließ auf einem kleinen *curragh* (ein mit Leder bezogenes Boot) bis hin nach Island und vielleicht sogar an die Küsten Nordamerikas. Noch heute gibt es in den archaischen Gesängen der

Das täte ich gern:
umschlossen auf meiner Insel
vom hohen Felsen herab
dem Meer nachsinnen,
so vielfältig bewegt.

Seine gewaltigen Wellen sehen
aufleuchtend in strahlendem Glück,
voll Musik für Gott, ihren Vater,
ein unendliches Lied.

Und das blitzende Band des Strandes,
aller düsteren Schwermut fern.
Den herrlichen Schrei der Vögel,
ihren übermütigen Psalm.

Das Donnern der mächtigen Brandung,
die gegen die Felsen schlägt,
dieses Brüllen des Meeres,
diesen Aufschrei am Kirchhof dort.

Den Vogelschwärmen nachschauen,
schwingend weit über das Meer,
und die machtvollen Wale bestaunen,
Gottes wundersamstes Geschöpf.

Und mit Ebbe und Flut, ihrem Kommen und Gehen,
meinen Namen zurückkehren lassen
nach Irland – und meine geheimsten Gedanken,
die ich kaum zu flüstern versteh'.

Hier würde mein Herz sich öffnen,
ganz ins Schauen vertieft,
und ich könnte meinen Schöpfer loben,
der alles lenkt.

Zeit, für Gottes Herrschaft zu beten
und für unser Heil!
Diese Arbeit, die gar nicht schwer ist,
die täte ich gern.[3]

Traditional aus Irland

hebridischen Inseln eine verträumte Ballade, die von jenem Land der Verheißung, dem Tir na Nog singt:

> *Land of hearts' desire, isle of youth, dear western isle,*
> *gleaming in sunlight.*
> *Land of hearts' desire, isle of youth.*
> *There the cloudless sky stretches blue.*
> *There shall thou and I wander free*
> *dreaming in starlight.*

> Land der Sehnsucht der Herzen, Land der Jugend,
>   liebliche Insel im Westen,
> du glühst im Sonnenlicht.
> Dort erstreckt sich der wolkenlose Himmel blau übers
>   Firmament,
> dort können du und ich frei wandern und ziehen,
> träumend im Glanz der Sterne.

Es ist ein mystisches Land, und dennoch ist es kein verklärtes Jenseits. Die keltischen Christen sehnten sich nach der neuen Welt für diese Erde – wohl jenseits unserer Wirklichkeit, aber dennoch als ihr Ziel und ihre Zukunft. Deswegen wurden auch die Vorboten jener neuen Welt mitten in diesem Leben gesehen – in der Schönheit der Schöpfung, die wieder und wieder in den alten Liedern und den Gebeten besungen und gepriesen wird.

Sehnsucht nach der neuen Welt

Ich finde es bemerkenswert, wie sehr die Schöpfer irischer Poesie im Diesseits lebten und sich an all den Wundern der Natur erfreuten, die sie umgaben. Und dennoch ging ihr Herz nicht auf im Hier und Jetzt. Ihre Sehnsucht gehörte der Herrschaft Gottes, für die sie beteten und nach der sie sich ausstreckten. Wir haben es uns dagegen hier schon recht gemütlich gemacht

– und weiß Gott, dafür haben wir auch schwer genug gearbeitet. Der Gedanke an ein Reich Gottes, das vielleicht in zehn Minuten – oder morgen früh – oder in einer Woche anbrechen will, ist doch ziemlich störend.

Ein guter Freund und Kollege erfüllte sich mit viel Mühen und großen Verpflichtungen drei Träume: Er gründete eine Familie. Als sehr heimatverbundener Mensch ist es ihm nicht nur gelungen, in seinem Geburtsort eine gute Stelle zu finden, sondern er hat (was noch viel schwieriger war) auch noch seine Frau, ein Großstadtgewächs, überzeugt, aufs Land zu ziehen – und dort mit ihr ein wunderbares ökologisches Haus zu bauen. Nach menschlichen Maßstäben hat er alles getan, um den Kreis seiner Zugehörigkeit zu ehren und zu pflegen. Als er bei der letzten Silvesterfeier genau um Mitternacht unerklärliche, unirdisch scheinende Lichter am Himmel sah (es waren keine Feuerwerkskörper), dachte er spontan: »Oh lieber Gott, bitte nicht jetzt – lass die Endzeit nicht jetzt anbrechen – wo ich es doch gerade geschafft habe, dort zu sein, wo ich hinkommen wollte – und du weißt selber, wie viel Kraft mich das gekostet hat. In 15 oder 20 Jahren, ja, da ließe ich mit mir reden, aber doch bitte nicht jetzt!«

Natürlich erzählte mir mein Freund von seinem Gebet am Jahreswechsel mit einem Schmunzeln – und scheinbar wurde es ja auch erhört. Ich jedenfalls konnte seine Gedanken sehr gut nachvollziehen. Und ich bewundere die irischen Mönche umso mehr, wie sehr sie beides miteinander verbinden konnten: mit aller Kraft und Hingabe im Hier und Jetzt leben – und zugleich mit Sehnsucht und Leidenschaft die neue Welt Gottes erwarten.

Der Kreis der Liebe

Ein Fingerzeig in die neue Welt Gottes sind Kinder. Jesus stellt es uns ganz klar vor Augen: »Wenn ihr nicht werdet wie die Kinder, könnt ihr nicht ins Reich Gottes kommen« (Markus 10,15). Es gibt viele gelehrte Gedanken darüber, welche Eigenschaft der Kinder uns Jesus mit diesem Satz besonders ans Herz legen will. Im Zusammenhang meiner Überlegungen muss ich jedoch unwillkürlich an den Kreis der Zugehörigkeit denken. Niemand braucht Geborgenheit und eine verlässliche Beziehungsstruktur mehr als Kinder. Und niemand lebt so voller Hingabe im Jetzt und blickt zugleich so sehnsuchtsvoll und unvoreingenommen von schlechten Erfahrungen in die Zukunft wie Kinder. Immer wieder blicke ich meine Kinder an und will von ihnen lernen. Und zugleich bin ich dankbar, dass ich selbst als Kind eine unbeschwerte Zeit des Glücks und der Geborgenheit erleben durfte. Mir ist das eigentlich erst so richtig durch meine eigenen Kinder bewusst geworden. Und so habe ich für meine Mutter ein Lied geschrieben, das den Titel »*Circle of Love*« (»Kreis der Liebe«) trägt:

Es ist schon ziemlich lange her, als du mir geholfen hast
    auf meinem Weg
mitten hinein in dieses liebe Leben.
Als ich in deinen Armen lag, hab ich gleich gesungen,
denn ich wusste, dass ich hier richtig bin:
›Du bist meine liebe Mutter und deine Augen sind mein
    Licht.‹

Als ich dann ein kleiner Junge war, hast du mir unglaub-
    liche Geschichten erzählt,
das Leben hat sich leicht angefühlt, und frei und großzügig
und es war voller Abenteuer jeden Tag.
Vom Wald kam ich abends nach Hause
und obwohl er tief und dunkel war, war ich nie allein,
    denn Schönheit hatte ich gesehen. *Andy Lang*

Die innere Heimat

Wir Menschen sehnen uns danach, zu jemandem zu gehören. Wir wollen nicht allein sein. Es ist sogar ein wichtiger Entwicklungsschritt auf dem Weg unserer Seele, unsere Identität so zu leben, dass wir zu einer Gruppe gehören – eine Aufgabe, die vor allem im Teenageralter ansteht. Natürlich hat die Wirtschaft diese Sehnsucht erkannt und versucht, sie geschickt medial zu inszenieren. Es werden verschiedene Trendtypen entworfen, zu denen man gehören sollte – mit allem Wenn und Aber. Teenager wurden in den letzten 25 Jahren als eine der wichtigsten Zielgruppen der Werbung entdeckt. Das Styling muss perfekt sein und beginnt bei der Kleidung und hört auf bei der Musik und den Filmen, die man zu hören und zu sehen hat. Unser wahres Ich ist aber kein Konsument. Und letztlich dürfen wir nie jemandem oder einer Sache ganz gehören. Nichts darf uns regieren und eine absolute Macht über uns ausüben – nicht unser Lebenspartner, nicht unsere Arbeit, unsere Religion und auch nicht unser Staat – ja nicht einmal unsere eigenen Wünsche und Leidenschaften.

So wichtig all jene Kreise der Zugehörigkeit sind, unsere innere Heimat liegt tief verwurzelt in unserer Seele. Wenn wir dort wirklich angekommen sind und dort zu Hause sind, dann können uns die Gefährdungen unserer äußeren Zugehörigkeit zwar immer noch berühren und bedrängen, aber sie werden uns nicht mehr uns selbst entreißen. Nur hier wohnt das, was ich am Anfang mit »eigenem Leben« beschrieben habe.

Und weil unsere Seele ein zartes Pflänzchen ist und durchaus verletzbar, gibt es für die Christen schließlich noch eine gute Nachricht, wenn sie auch schwer zu verstehen ist, weil sie die Sprache der Mystik spricht. Paulus sagt: »Ich lebe, doch nun nicht ich, sondern Christus lebt in mir« (Galater 20,1) und: »Ist jemand in Christus, so ist er ein neues Geschöpf. Das Alte ist vergangen, schau: Neues ist entstanden« (2. Korinther 5,17).

Dieses Leben »in Christus« ist letztlich die Zugehörigkeit, zu der wir gerufen sind: Niemand kann sie infrage stellen, nichts kann sie zerstören, nicht einmal unser eigener Zweifel und Unglaube. Sie existiert außerhalb von uns und durchdringt uns dennoch ganz.

Genau in dieser Erkenntnis bestand die befreiende Botschaft der Reformation: Ich bin es nicht selber, der sein Leben zu entwerfen und zu verantworten hat. In all meiner Gebrochenheit, meiner Schuld, meinem Getrenntsein und meiner Ferne von der Zugehörigkeit gehöre ich doch zu dem wahren neuen Menschen, der in mir bereits zu wachsen begonnen hat. Mein Leben hängt nicht ab von meinem Status, meinem Ansehen oder meinem Gefühl, ob ich glücklich bin, sondern allein von Seinem Versprechen: »Fürchte dich nicht, denn ich habe dich erlöst. Ich habe dich bei deinem Namen gerufen. Du gehörst zu mir!« (Jesaja 43,1).

2. Im Rhythmus der Natur – Der Gleichklang von Ruhe und Arbeit

Im Rhythmus der Natur zu leben, befähigt uns, die richtige Balance zwischen Anspannung und Entspannung zu finden und unserer Berufung zu folgen, Mitschöpfer in dieser Welt zu sein. Dann können wir auch eintauchen in die Schönheit, die uns von allen Seiten umgibt. Wir werden wach für die Balance, die wir brauchen, um in Freiheit gestalten zu können und kreativ zu sein. Zufriedenheit und Gelassenheit sind die Früchte, die wir ernten werden.

Mitschöpfer sein

Wir sind schöpferische Wesen und sehnen uns nach Ausdruck. Wir wollen teilhaben an der umfassenden und immerwährenden Schöpfung um uns herum, die sich in jedem Moment vollzieht. Der Grund dafür wird in der ersten Schöpfungserzählung genannt: »Und Gott schuf den Menschen zu seinem Bilde, zum Bilde Gottes schuf er ihn. Und er schuf sie als Mann und Frau« (1. Mose 1,27).

Gott ist ein Wesen (wenn auch dieser Begriff nur uneigentlich von Gott zutrifft) in Beziehung. Er wollte nicht allein für sich bleiben und schuf ein ganzes Universum voll der unglaublichsten Geschöpfe. Seine zärtliche Fantasie war es, die ein so wundervolles Universum erdachte und schuf. In seine Menschen hat er diese Sehnsucht nach Ausdruck und Mitteilung hineingelegt – und darin sind sie ihm zum Ebenbild geschaffen.

Uns Menschen ist es im Gegensatz zu den meisten Tieren möglich, einen Gegenstand zu sehen und seine vielfältigen unsichtbaren Möglichkeiten zu imaginieren – mit der bloßen Gabe unserer Vorstellungskraft. Vor Zehntausenden von Jahren nahmen unsere Vorfahren einen spitzen Stein nicht einfach als ein herumliegendes, nutzloses Gebilde wahr, sondern erkannten in ihm ein Mittel, um andere Dinge, die weicher waren, zu bearbeiten und zu behauen. Ein formloses Stück Ton wurde unter den kreativen Händen unserer Ahnen zum ersten Gefäß. Die Kombinationsgabe, die das schon lange erfundene Rad mit der Trage verband, sodass der Schubkarren entstehen konnte, war ein großer Segen beim Bau der wunderbaren gotischen Kathedralen. Es grenzt an ein Wunder, wie aus der unendlichen Kombination von lediglich zwei Zahlen, der Null und der Eins, eine ganze digitale Welt entstehen konnte. Wir Menschen sind gerufen zu schaffen und kreativ zu sein – und wird uns die Möglichkeit dazu genommen, versinken wir schnell in den Abgründen der Traurigkeit und Antriebslosigkeit.

Im Römerbrief sagt Paulus, wir seien *»synergonomoi«* Gottes – seine Mitarbeiter. Ist das nicht ein wunderbarer Zuspruch? Wir sind gerufen, an dem großen Werk mitzubauen und es mit unseren Ideen und unserer Fantasie mit zu gestalten!

Zur Kreativität berufen

Wir sind zur Kreativität berufen! Leider sieht der Alltag oft ziemlich anders aus. Viele Menschen arbeiten zwar, doch die ganze Kraft und Energie, die sie ihrem Arbeitsprozess widmen, ist nur dazu da, erwerbstätig zu sein und ihren Lebensunterhalt zu finanzieren. In ihren Arbeitsprozessen und -strukturen sind sie von aller ursprünglichen Kreativität abgeschnitten. Sie sind zu bloßen Funktionsträgern degradiert, von denen eine abrufbare Leistung erwartet und eingefordert wird. Wer in einer solchen negativen Atmosphäre seine Arbeitskraft hergeben muss, dem bereitet schon der bloße Gedanke an die Arbeit Bauchschmerzen. Dabei sind wir nicht dazu berufen, unsere kurze Zeit auf der Erde mit einer destruktiven und kleinlichen Geschäftigkeit zu fristen.

Hier sind wahrhaft kreative und verantwortungsvolle Geister aufgerufen, neue Strukturen und mehr Beteiligungsmöglichkeiten für Mitarbeiter zu erdenken und zu erschaffen. Aber auch jeder Einzelne von uns sollte sensibel und verantwortungsbewusst auf seine eigenen Grenzen achten. Die Macht, die ein anderer über mich hat, ist sehr oft die Macht, die ich ihm selber gegeben habe. Wahre Führungsqualität besteht darin, das Potenzial eines Menschen wahrzunehmen und ihm die Möglichkeit zu geben, dieses Potenzial zu leben. Das setzt natürlich voraus, dass wir uns selber über unsere Gaben und Neigungen klar sind und einen beruflichen Weg einschlagen, der ihnen entspricht. Ein Umweg ist gar keine Schande – aber beharrlich auf dem falschen Weg zu bleiben, weil man das Risiko eines Neuanfangs fürchtet, ist fatal.

In meinem Studium war zunächst eine solche Kurskorrektur nicht vorgesehen. Wir wurden an der Universität zu gediegenen Theologen und Philologen ausgebildet, ungeachtet der Tatsache, dass 95 Prozent der Studierenden später ein Leben als Pfarrer oder Pfarrerin anstrebten – und dies auch die fast einzige Möglichkeit war, nach dem Studium einen Lebensunterhalt zu verdienen. Wer also die intellektuellen Qualitäten hatte, Griechisch, Latein und Hebräisch zu lernen und später nach allen Regeln der Kunst antike Texte auszulegen, der war zum Pfarrberuf befähigt. Aber die Herzensbildung, die kommunikativen und geistlichen Voraussetzungen für diesen Beruf, sowie die Fähigkeit, in einer Vielzahl von Erwartungen und Anforderungen seinem eigenen Ich dennoch treu zu bleiben, wurden erst in einem viel späteren Ausbildungsabschnitt betrachtet und geschult. Hier war es aber für einige Kollegen bereits zu spät zum Umlenken: Sie hatten schon eine Familie gegründet und finanzielle Verpflichtungen und mussten auf dem eingeschlagenen Weg weiter – wohl wissend, dass sie beruflich nicht glücklich werden würden, weil sie menschenscheu oder gegenüber anderen sehr unsicher waren. Wie viel Leid entsteht aus so einem zwanghaft zu Ende gegangenen Weg – nicht nur für die Beteiligten selbst, sondern auch für ihre Familien, ihre Mitarbeiter und ihre Gemeinden! Wer dann auch noch in Führungspositionen steht, wird seine Mitarbeitenden wohl wenig unterstützen oder fördern können.

Verantwortung teilen

Vor Kurzem klagte mir ein Bekannter sein Leid: Er ist ein hoch motivierter ehrenamtlicher Mitarbeiter einer großen Kirchengemeinde, der in seiner Freizeit viel Verantwortung übernommen hat und sein letztes Gemeindeprojekt – ein Krippenspiel mit etwa 60 teilnehmenden Kindern und Jugendlichen – mit großer Resonanz und Begeisterung der Kinder abgeschlossen hatte. Seine ehrenamtliche Arbeit tut er aus Liebe zur Kirche und weil sie ihm selber Spaß macht. Als Vater von fünf Kindern und Angestellter in einer verantwortungsvollen Position ist das jedoch nicht selbstverständlich und sicherlich keine Beschäftigungstherapie.

Nach Abschluss des letzten Projektes musste er jedoch erkennen, dass er vom Pfarrer ausgebremst und behindert wurde und erst recht kein freundliches Wort der Wertschätzung oder Unterstützung bekommen hatte. Vielmehr wurden ihm mit missmutiger Miene Entscheidungen mitgeteilt und verfügt, in die keiner der Beteiligten einbezogen worden war. Ein solcher Führungsstil ist verheerend. Es wird nicht nur die Motivation der Mitwirkenden stark beschnitten, sondern auch das gemeinsame Ziel – der Bau am Reich Gottes – mit fragwürdigen Methoden angestrebt.

Wer in einer solchen Arbeitssituation lebt, kann auf Dauer seiner Bestimmung, kreativ zu sein, nicht folgen. Wer aber über lange Zeit seine Berufung verleugnen muss, wird krank und missmutig. Es ist ein globales Drama, dass eine entscheidende Quelle für unser Glück – unsere Möglichkeit, zu schaffen und kreativ zu sein – so oft durch fremdbestimmte und sinnentleerte Arbeit vergiftet wird.

Ich habe diese Erfahrung am eigenen Leib gespürt: Einige Zeit befand ich mich in einer Arbeitssituation, die immer weniger meinen Neigungen und Talenten entsprach. Ich sollte Dinge tun, die ich bei aller Anstrengung einfach nicht gut erledigen konnte. Das Gefühl, unzureichend zu sein und Unzufriedenheit zu ernten, wurde immer stärker. Zugleich spürte ich, dass die Dinge, die mir wohl gelangen und leicht von der Hand gingen, für meinen Arbeitgeber immer unbedeutender wurden. Ich bildete mir ein, eben mehr Frustrationstoleranz aufbringen zu müssen – so lange, bis mein Körper mir selbst eindeutige Signale eines verkehrten Weges gab. Ein guter Freund saß damals im Aufsichtsrat des Unternehmens und riet mir eindringlich, mich beruflich zu verändern. Mit seinem sanften, aber bestimmten »Tritt« schaffte ich es schließlich, mich von meinen selbst eingeredeten Gründen, warum ich bleiben sollte, zu verabschieden. Als ich dies schließlich in einem Telefonat mit meinem Chef besprach und der Weg unumkehrbar wurde, fiel eine riesige Last von mir ab. Ich legte den Hörer auf und tanzte in meinem Büro! Endlich war es raus – eine schwierige Geburt. Aber nur ich selbst hatte es mit meinem Zögern und Zweifeln so weit kommen lassen.

Während dieses Prozesses habe ich viel über mich gelernt. Ich weiß heute genauer, was ich kann und wovon ich besser die Finger lasse. Das bedeutet, dass ich meine Gaben zielgerichteter einsetzen kann – und eine große Zufriedenheit ist die Frucht dieses Prozesses.

Unbequemes wagen

Es ist leicht, richtige Entscheidungen im Rückblick zu beschreiben. Aber wie schwer ist es, eine unbequeme Entscheidung zu treffen, wenn man mittendrin steckt! Ich möchte durch meine Geschichte ermutigen, einige Dinge zu beachten, um zu einer tragfähigen Entscheidung zu kommen.

Ich will auf die Sprache meines Körpers hören, denn er weiß immer, ob ich auf dem richtigen Weg bin. Paulus sagt: »Dein Körper ist der Tempel des heiligen Geistes« (1. Korinther 6,19). Und der Geist Gottes führt uns, wenn wir ihn lassen.

Ich will den Rat von guten Freunden einholen – oft sehen sie unvoreingenommener und viel zwangloser, was mir guttut und was mir schadet.

Ich will Entscheidungen nicht vertagen, sondern einen Termin vereinbaren, bis wann Klarheit herrschen soll.

Ich will mutig und vertrauensvoll in die Zukunft blicken und den Stimmen des Zweifels und der Skepsis nicht allzu viel Raum geben – obwohl an ihre Stelle natürlich nicht die Naivität treten darf.

Im richtigen Rhythmus

In der keltischen Welt war die Arbeit – wie in jeder bäuerlichen Gesellschaft – eine wichtige Quelle des Lebens – sowohl im materiellen als auch im übertragenen Sinn. Kolumbans Mönchsregel hielt fest: »Wir müssen täglich Fortschritte machen, täglich beten, täglich arbeiten und täglich lesen.« Das benediktinische *Ora et labora* (bete und arbeite) weist den richtigen Rhythmus des Lebens aus. Eine rastlose, gehetzte und ununterbrochene Arbeitsanstrengung kann niemand lange durchhalten, ohne den Preis zu zahlen.

Ein fleißiger und sehr disziplinierter Handwerksmeister aus meiner Region unterhielt einen Familienbetrieb mit zehn Angestellten. Tagsüber arbeitete er mit in der Werkstatt, abends fuhr er zu den Kunden und nahm persönlich Maß für die Aufträge und nachts schrieb er Angebote und Rechnungen. Ein hohes Verantwortungsbewusstsein gegenüber seinen Mitarbeitern und den Traditionen seines Betriebes hielten ihn auf Trab. Meist war seine Zeit sehr knapp bemessen, wenn ich ihn traf. Als ich eines Tages von einer längeren Tournee heimkam, war er ganz plötzlich und ohne Vorwarnung in der Blüte seiner Jahre gestorben – niemand hatte damit gerechnet, am wenigsten er selbst. Sein Feld war nicht bestellt. Alle Angehörigen, Freunde und Kunden waren zutiefst bestürzt, denn man fragte sich, wann er denn außerhalb seiner Arbeit gelebt hatte. Eine Woche später starb ebenso plötzlich ein liebenswerter Musikerkollege im gleichen Alter. Und obwohl mich auch sein Tod bestürzte, war es nicht so erschütternd. Ich hatte das Vertrauen, dass mein Musikerfreund intensiv gelebt hatte und ihm viele fröhliche Stunden mit und ohne Musik vergönnt gewesen waren.

Wir müssen lernen, in der spannungsvollen Balance zwischen Arbeit und Ruhe zu leben. Wir gehen nicht auf in unserer Arbeit, sondern wir sind viel mehr als sie. Aber wir dürfen sie auch nicht gering schätzen und nur zum Geldverdienen betreiben, wenn wir glücklich sein wollen – dazu verbringen wir einfach zu viel Zeit damit.

Wir fallen auf der anderen Seite des Pferdes herunter, wenn wir unser eigentliches Leben nur in unserer Freizeit und in unserem Privatleben ausmachen. Auch hier versucht die Ökonomie im Schulterschluss mit der Werbung wiederum sehr subtil und erfolgreich uns einzureden: *consumo, ergo sum* – ich kaufe, also bin ich. Wer sich nur über seine Hobbys, Freizeitbeschäftigungen und sein Konsumverhalten definiert, wird sehr schnell einen faden Geschmack bekommen. Aber ein solches Verhalten ist genau das, was die Konsumgesellschaft ankurbelt: ein frustrierter Arbeitnehmer, der sehnsüchtig auf das Arbeitsende wartet, um seine Frustration mit dem Kauf von Dingen oder Dienstleistungen wettzumachen. Wer dagegen glücklich und zufrieden seine Arbeit am Abend verlässt, hat oft noch genug Energie und Kraft, sich ehrenamtlich in seiner Freizeit für die Gemeinschaft zu engagieren und seine Zeit mit sinnvollen Beschäftigungen zu verbringen.

Das Leben findet jetzt statt

Es gibt die Tendenz, das Leben zu verschieben auf die Zeit nach der Erwerbstätigkeit – dann, wenn man endlich seine wohlverdiente Pension genießen kann und sich zusammen mit seinem Partner noch etliche schöne Jahre gönnen will. Dann ist die Zeit für eine Weltreise, einen Traumurlaub, eine Kreuzfahrt oder vielleicht sogar einen kompletten Neuanfang im Paradies: in deutschen Seniorensiedlungen an den südlichen Küsten Frankreichs, Spaniens und der Türkei. Bei allem Respekt vor solchen Lebensentwürfen: ich kann mir schlecht vorstellen, dass ein Leben beglückend ist, in dem ich allein durch meine Rolle als Genießer definiert werde. Dabei bräuchte unsere Gesellschaft so dringend den Beitrag und die Erfahrung der Alten. Wie entlastend kann es für eine junge Familie sein, wenn die Großeltern auch Zeit mit den Enkelkindern verbringen! Und wie erfüllend und erfrischend ist dies für die Großeltern! Wie viele Vereine und gemeinnützige Einrichtungen profitieren von dem Engagement zeitlich nicht so intensiv gebundener Pensionäre. Wie viel Wissen und Lebenserfahrung könnten ältere Menschen an die jüngere Generation weitergeben, wenn sie sich aktiv einbringen wollen!

Ich kenne dafür drei Beispiele: Ein Pfarrerskollege mit Asthma zog nach seiner vorzeitigen Pensionierung nicht nach Sylt oder ins Voralpenland, was für seine Gesundheit bestimmt am besten gewesen wäre. Er entschied sich vielmehr mit seiner Frau für eine unbekannte Vorstadtgemeinde, weil es dort die Möglichkeit zu einer intensiven Mitarbeit in der

Flüchtlings- und Asylarbeit gab. Seit fünfzehn Jahren arbeitet er nun dort kontinuierlich mit und ist zur verlässlichen Stütze dieser Arbeit geworden.

In der gleichen Gemeinde wohnt eine studierte Sängerin. Als ihr Mann aus seinem leitenden Posten im Gesundheitssystem in den Ruhestand ging und ihre Kinder groß genug waren, widmete sie ihre Zeit und Kraft dem Studium des Yoga. Seit Jahren betreibt sie nun schon die größte und erfolgreichste Yogaschule im Landkreis. In einem Alter, wo andere in Rente gehen, ist sie so voller Tatendrang und Energie, dass man sie glatt für 15 Jahre jünger hält. Ihr Mann ist ihr mit Mitte 70 in allen Bereichen Stütze und Helfer und hat in seinem Pensionsalter eine ganz neue und alternative Perspektive auf Gesundheit und Eigenverantwortlichkeit bekommen, die er in seinem Erwerbsleben nicht hatte. Er wirkt so lebendig und jugendlich und ist so voller Anteilnahme und Interesse am Leben anderer, dass er zu einem echten Vorbild für viele geworden ist.

Auf meiner Pilgerreise nach Irland lernte ich eine beeindruckende, tatkräftige und fröhliche Frau Mitte 60 kennen. Es war kaum zu glauben, dass sie erst seit einem Jahr Witwe war. Obwohl sie ihren Mann sehr geliebt hatte und aufrichtig um ihn trauerte, gab sie sich selbst und ihr Leben nicht auf. Sie ruhte in sich und steckte andere Menschen mit ihrer Fröhlichkeit an, die durch ihre Lebenserfahrung Tiefe hatte. Kurz bevor wir uns kennenlernten, hatte ich begonnen, in meiner Konzertscheune zweimal im Monat eine Buschenschänke zu eröffnen: ein gemütlicher Raum, gutes, selbst gebrautes Bier und die Möglichkeit, nette Menschen zu treffen. Dieses Angebot hatte eine so gute Resonanz, dass es mir bald zu viel wurde und ich allein nicht mehr nachkam. Als ich dies auf unseren Wanderungen einmal erzählte, sagte sie spontan: »Da helf ich dir einfach!« Als ich meine Bedenken äußerte, ob das nicht zu viel sei, ermahnte sich mich mit einem Lächeln: »Andy, du musst lernen, mütterliche Hilfe anzunehmen!« Seitdem sind wir ein wunderbares Team und unsere Gäste fühlen sich wohl bei uns.

Zufrieden sein

In unserem Leben als Erwerbstätige ist nicht die Wochenstundenzahl ausschlaggebend für eine befriedigende Arbeit, sondern das Gefühl, einen wertvollen Anteil zum Gesamten leisten zu können. Kaum jemand arbeitet so viele Stunden wie Landwirte. Ich kenne etliche Bauern persönlich und bin von vielen beeindruckt. Sie führen ein stark strukturiertes Leben, das vom Rhythmus der Tiere und der Natur geprägt ist – nach allgemeinen Maßstäben haben sie wenig Freizeit und schon gleich gar keine Unabhängigkeit – ein spontaner Urlaub oder ein verlängertes Wochenende sind kaum möglich. Und doch erscheinen mir viele von ihnen sehr zufrieden zu sein und viele ihrer Eltern erreichen ein fast biblisches Alter. Woher kommt diese Zufriedenheit? John O'Donohue erzählt aus seiner eigenen Kindheit in Connemara:

> Ich wuchs auf einem Bauernhof auf. Wir waren arm und jeder von uns musste seinen Teil der Arbeit leisten. Ich bin immer dankbar dafür, dass mir beigebracht wurde, wie man arbeitet. Seither empfinde ich Genugtuung darüber, dass ich in der Lage bin, die Arbeit eines Tages zu verrichten. Ich finde es äußerst frustrierend, wenn mir ein Tag entgleitet und ich am Abend das Gefühl habe, dass viele Möglichkeiten, die in ihm schlummerten, unverwirklicht geblieben sind. Auf einem Bauernhof hat die Arbeit einen klaren, eindeutig erkennbaren Effekt.[4]

Ich kann diese Beschreibung sehr gut nachempfinden. In den Raunächten zwischen Weihnachten und dem Dreikönigsfest pflege ich das Feuerholz für das Jahr zu schlagen. So war es auch dieses Jahr wieder. Ich bin zu einem befreundeten Bauern in den Wald und habe mir die kranken Bäume zeigen lassen. Dann habe ich mit einem Freund einen herrlichen Tag in frischer Luft mit dem Fällen dieser Bäume verbracht. Am Abend kamen wir müde, aber erfüllt nach Hause. Das Essen schmeckte doppelt so gut wie sonst und unsere Gespräche waren besonders leicht und fröhlich. Seitdem freue ich mich schon auf den Tag, an dem ich das Holz aus dem Wald holen werde!

Anspannen und Entspannen

Ein ausgewogener Wechsel von körperlicher und geistiger Arbeit und inspirierenden Ruhephasen sind für mich eine ideale Kombination, um kreativ und fantasievoll arbeiten zu können. Unsere Arbeit kann dann zu dem Raum werden, in dem wir die unsichtbaren Schwingungen unserer Seele Gestalt werden lassen – die Schätze im Dunkeln unserer inneren Welt treten in ihrer sichtbaren Form nach außen –, wir können andere Menschen Anteil haben lassen an dem Reichtum, der in uns schlummert und sich äußern und mitteilen möchte.

Wenn dies alles auch noch in einer wertschätzenden Atmosphäre des Vertrauens und Zutrauens geschieht, können wunderbare Dinge geschaffen werden und es kann ein Gemeinschaftsgeist der freundlichen und kreativen Zusammenarbeit entstehen.

Einer meiner Freunde gründete in einem sehr jungen Alter gemeinsam mit seiner Schwester ein verantwortungsvolles gastronomisches Unternehmen – zusammen mit einem jungen Team von Mitarbeitern und einem nicht geringen Risiko. Angestellte im Hotel- und Gastgewerbe haben ungünstige und lange Arbeitszeiten und gehören sicherlich nicht zu den Spitzenverdienern. Aber meine beiden Freunde entwickelten einen Pioniergeist, der ihre Mitarbeiter ansteckte. Sie konnten ihnen das Gefühl vermitteln, wesentlich am Geschick des jungen Unternehmens beteiligt zu sein. Und das Team ist erfolgreich! Sie machten ihr Hotel als einen Ort der Begegnung und Innovation in der ganzen Region bekannt. Immer, wenn ich dort in die Küche komme, sehe ich strahlende Gesichter: ausgeglichene und zufriedene Köche, die mit Leidenschaft und Verantwortungsbewusstsein ihren Bereich führen. Deswegen bin ich gern dort und vermute, dass dieser Geist der Zufriedenheit und Mitwirkung auch auf die Seminare und Tagungen ausstrahlt, die dort stattfinden.

In Freiheit gestalten

Um motiviert arbeiten zu können, ist es wichtig, sich seinen Arbeitsplatz so einzurichten, dass man gerne dort ist. Das ist natürlich nicht uneingeschränkt möglich, aber oft schon haben kleine Dinge eine große Auswirkung. Von Martin Luther wird erzählt, dass er während der schwierigen Leipziger Disputation, in der nach allen Regeln der mittelalterlichen Scholastik und Gelehrsamkeit das Problem des Ablasses diskutiert wurde, eine Rose dabeihatte. Immer wieder roch er an dem wunderbaren Geschöpf, bevor er seine Stimme erhob und seine Argumente in den Ring warf.

Wenn ich an einem Text arbeite, so wie bei der Erarbeitung dieses Buches, oder eine Predigt schreibe, brennt bei mir eine Kerze – und wenn es Abend ist, kann mich ein Glas Wein durchaus erfreuen. Wichtig ist dabei, dass unser persönlicher Schaffensraum von anderen respektiert und geachtet wird – und so können wir uns selber einen äußeren Schutzbereich für die Arbeit unserer Imagination und Fantasie schaffen. Diesen Gedanken illustriert eine alte Geschichte:

Eine uralte Vase von unschätzbarem Wert und vollendeter Porzellankunst befand sich im Schatz des Kaisers von Japan. Eines Tages aber warf sie jemand um und sie zerbrach in tausend Scherben. Diese wurden sorgfältig aufgehoben und der Kaiser ließ den besten Töpfer aus seinem Reich in seinen Palast kommen und befahl ihm, die Vase wieder zusammenzusetzen. Aber sosehr sich der

Meister anstrengte – es gelang ihm nicht. Er büßte es mit seinem Kopf. Danach musste der zweitbeste Töpfer antreten, doch auch er verlor seinen Kopf und so ging es fort und fort, bis es keinen Töpfer von Ruf mehr in Japan gab. Da machte sich ein alter Zen-Mönch und Künstler mit seinem Schüler auf den Weg zum Palast. Er nahm die Scherben, trug sie in seine Höhle in den Bergen und machte sich an die Arbeit. Nach einigen Wochen sah sein Schüler, wie die Vase in all ihrer unübertrefflichen Schönheit wieder erstanden war. Der Kaiser war überglücklich und entlohnte den Meister fürstlich.

Lange Zeit später suchte der Schüler etwas in der Werkstatt, als er plötzlich die Scherben der zerbrochenen Vase entdeckte. Aufgeregt lief er zu seinem Meister, zeigte ihm den Fund und fragte, wie er es denn geschafft habe, eine so vollkommene Kopie des Originals anzufertigen. Der Meister aber lächelte und sagte: »Wenn du deine Arbeit mit einem Herzen voller Liebe tust, wirst du immer imstande sein, etwas Schönes zu erschaffen.«

Verfasser unbekannt

Die Liebe machte den Unterschied in der Geschichte. Während die Töpfermeister zum Kaiser zitiert wurden und voller Angst um ihr Leben an einer unmöglichen Aufgabe scheiterten, ging der Mönch aus freien Stücken zum Kaiser. Entscheidend war, dass er sein Wagnis nicht im Palast versuchte, sondern die Scherben in die Abgeschiedenheit und den Schutz seiner eigenen Werkstatt brachte. Dort konnte er in aller Freiheit und Kreativität das Unmögliche vollbringen.

SEGEN DER ARBEIT

Möge das Licht deiner Seele dich leiten.

Möge das Licht deiner Seele deine Arbeit mit der heimlichen Liebe und Wärme des Herzens segnen.

Mögest du in allem, was du tust, die Schönheit deiner Seele erblicken.

Möge die Heiligkeit deiner Arbeit denen, die mit dir zusammenarbeiten, und denen, die deine Arbeit sehen und Nutzen daraus ziehen, Heilung, Licht und Erneuerung schenken.

Mögest du deiner Arbeit niemals überdrüssig werden.

Möge sie in dir Quellen der Erquickung, der Inspiration und der Begeisterung freisetzen.

Mögest du gegenwärtig sein in allem, was du tust.

Mögest du dich nie in gedankenloser Gleichgültigkeit verlieren.

Möge der Tag dir niemals zur Last werden.

Möge der Morgen dich wach und munter antreffen, bereit, deinem neuen Tag mit Träumen, Hoffnungen und positiven Erwartungen entgegenzugehen.

Möge der Abend dich heiter und zufrieden antreffen.

Mögest du gesegnet, behütet und geborgen in die Nacht eingehen.

Möge deine Seele dich beruhigen, trösten und erneuern.[5]

John O'Donohue

3. SCHÖPFUNGSKLÄNGE – ALLES LEBENDIGE SINGT VON GOTT

Der Gesang der Schöpfung vollzieht sich in seiner ganzen Tiefe als Gebet. Jenseits von frommen Äußerungen und Worthülsen bezieht dieses Gebet unseren Körper und seine Sinnlichkeit ebenso mit ein, wie es versteht, dem ewigen Lob der Mitgeschöpfe zu lauschen und sie zu achten. Wir werden von der Kraft des Rückzugs erfrischt. Aus der Stille auftauchend, werden wir lustvoll unsere Stimme erheben und unsere unverwechselbare Lebensmelodie in die Symphonie des Lebens mischen.

Stille spüren

Wir leben in einer Welt, in der es überall und zu aller Zeit Musik gibt: Beim Einkaufen werden wir bespielt, daheim laufen Radio und Fernseher womöglich gleichzeitig, im Wellnessbad erklingt sanfte Sphärenmusik und sogar am »Stillen Örtchen« ist es in Kneipen und Autobahnraststätten keineswegs mehr still. Es gibt in unserer Welt kaum mehr Orte des Schweigens. Aber um wirklich Musik hören zu können, müssen wir wieder lernen, in die Stille zu gehen. Das ist anstrengend und kann bisweilen sogar unheimlich sein.

Die vollkommene Stille habe ich zum ersten Mal auf einem großen See in Finnland erlebt. Ich war mit einem Kanu in die Mitte des Sees gefahren und konnte den Waldrand nur noch eben so mit dem Auge erkennen. Ich legte die Paddel ins Boot und mich selbst dazu. Nachdem sich das Kanu ausgependelt hatte, war die Wasseroberfläche vollkommen still. Und mit ihr die Luft rings um mich herum: kein Plätschern, kein Vogelgezwitscher, nicht die mannigfaltigen Geräusche des Waldes und erst recht kein menschlicher Laut. Ich konnte das Blut in meinen Ohren pochen hören – und bin in die Schönheit der Stille eingetaucht. So habe ich den ganzen Nachmittag dort draußen auf dem See verbracht. Es war schließlich gar nicht so einfach, mich von dem Zauber zu lösen und wieder zurückzukehren in die geräuschvolle Welt der Menschen.

Wenn wir aufmerksam und wach leben wollen, wenn wir einen Blick für die Schönheit um uns herum bekommen und für die feinen und leisen Töne der Schöpfung empfänglich werden wollen, müssen wir Schweigen lernen. Das Schweigen wird uns guttun – und besonders wird es unseren Gottesdiensten guttun! Wie oft sind sie erfüllt von Geschwätz, leeren Formeln und eitlem Gerede. Ich sage dies ohne Vorwurf. Wir Pfarrer sind als Männer und Frauen des Wortes nicht selten in einer Tretmühle der Geschwätzigkeit gefangen. Wir produzieren Predigten und Gebete am Fließband und wissen oft selbst genau genug, wie belanglos unsere Worte sind. Wirklich Wesentliches entsteht nicht aus dem Zwang, sich mitteilen zu müssen. Es entsteht aus Erfahrung und Stille.

Leer werden

Ich wollte an dem Manuskript des vorliegenden Buchs weiterschreiben. Kurz zuvor hatte ich eine lange Tournee beendet und war vielen Menschen begegnet. So schön das in der Regel ist: nun war ich leer. Und zugleich sollte ich etwas Wesentliches schreiben. Ich wagte mehrere Versuche und merkte verzweifelt, dass es einfach nicht ging. Kaum hatte ich mich in ein Thema eingedacht, klingelte das Telefon oder die Haustür – natürlich nur mit dringenden Angelegenheiten! – oder ich musste auf meine Kinder aufpassen. Am späten Nachmittag legte ich mich völlig entnervt auf unser Sofa und wollte nur noch schlafen – wissend, dass ich keine einzige vernünftige Zeile geschrieben hatte. Es war total deprimierend.

Zum Glück habe ich eine weise Frau. Sie brachte mich auf den rettenden Gedanken: Ich rief noch an diesem Abend bei Freunden an, die auf einem entlegenen Bauernhof in der Nähe wohnen. Ich bat sie, ob ich mich einfach für ein paar Tage zu ihnen zurückziehen könnte. Es war wunderbar! Ich bezog am nächsten Morgen ein kleines Kämmerlein, zündete eine Kerze an und las erst einmal genüsslich etliche Texte zum Thema. Dann wurde ich zum Essen gerufen. Nach einer stärkenden Mahlzeit und einem Espresso legten wir uns alle für kurze Zeit hin – ein Luxus, der mir zu Hause selten vergönnt ist. Und danach machte ich einen Waldspaziergang in aller Ruhe und Stille. Als ich mich wieder an meinen Schreibtisch setzte, flogen die Gedanken nur so dahin aus meinem Geist aufs Papier. Ich hatte Abstand gewonnen zu meinen Alltagsgeschäften und hatte Distanz geschaffen zu dem Zwang, jetzt und sofort etwas Gehaltvolles schreiben zu müssen. Die Worte stellten sich von selbst und ohne Mühe ein. Am Abend war ich so erfüllt und ein wenig erschöpft wie nach meiner Waldarbeit in den Raunächten.

Die Kraft des Rückzugs

Die keltische Theologie schöpft aus der Kraft des Rückzugs. Im Gegensatz zur römisch-griechischen Tradition entfaltet sie ihre geistliche Weisheit nicht in Dogmen und Lehrsätzen, sondern in Gebeten, Hymnen, psalmartigen Anrufungen und sehr leiblichen Segenstexten. Es ist weniger eine analytische Kraft, die die Wirklichkeit seziert und durch eine methodisch fundierte Arbeitsweise in immer kleinere Mosaikstückchen zerteilt, um so genau und präzise wie möglich ein Problem nach all seinen unterschiedlichen Aspekten zu betrachten. Zugegeben: Diese wissenschaftliche Herangehensweise hat ihre

Das Schweigen möchte ich lernen.
Vielleicht lerne ich,
ein lautloses Wort zu hören
und ihm zu antworten,
Sichtbares wahrzunehmen
Und durch das Sichtbare hindurchzusehen.

Vielleicht gewinne ich
die Kunst,
in einem einfachen Ding
mehr zu sehen als das Ding,
in einem Stein mehr als den Stein,
in einem Blatt mehr als das Blatt,
in einem Menschen mehr als nur den Menschen
und also in der Welt mehr,
als nur die Welt der Dinge.[6]

Jörg Zink

großen Vorteile und viele unserer technischen Errungenschaften konnten nur auf diese Weise erlangt werden. Aber sie hat auch ihren Schatten. Wir sind dem Glauben an das Machbare verfallen und haben die Ehrfurcht vor dem Geheimnis der Dinge verloren. Wir können mit analytischem Blick zwar in subatomare Bereiche eindringen, aber wir haben verlernt, den Zauber der Schöpfung zu achten und von ihm zu lernen.

Als bäuerliche Gesellschaft lebten die keltischen Menschen in unmittelbarer Nachbarschaft zu Wind und Wetter, zu Wald und Feld. Sie waren in die Schöpfung eingebettet und sie lebten im Rhythmus der Erde. Der Theologe Manfred Wester sagt: »Was ging verloren, als Aussaat und Ernte zu bloßen technischen Vorgängen wurden? Und das, was blieb – ist das wirklich genug? Mag auch ein Stück Magie in diesen christlich-heidnischen Bräuchen der Kelten stecken, im Kern sind sie wahrscheinlich viel näher an der Wirklichkeit als unsere scheinbar so realistische Art. Die Wirklichkeit ist mehr als die Dinge. Und wir könnten doch dem Leben entsprechen, wie Gott es geschaffen hat: könnten mit der Sprache unseres Herzens der Natur antworten, ihr zureden, alle Versprechungen wiederholen, sie zurückholen, die in zahllosen Farben, Tönen, Bewegungen Gottes vielstimmige Verheißung sind, untrennbar miteinander verbunden: der Schöpfer, der Bruder und der Heilige Geist.«[7]

Die Kelten waren zu aller Zeit von dieser und der anderen Welt umgeben. Und sie ehrten dies mit einer intuitiven Kraft der Wahrnehmung. Nur mit dieser Haltung der Ehrfurcht können wir das große Lied der Schöpfung hören.

Wer über diese Erde geht
mit offenem Herzen,
sieht Formen und Farben,
unendlich mannigfaltig,
und hört Stimmen, leise oder laut,
klingend oder klagend,
drohend, warnend, lockend.

Alles, was lebt, hat eine Stimme.
Wer ihr antworten will,
muss abseits gehen und hören,
was er auf einsamen Wegen vernimmt,
auf der Tagseite der Welt
und auf ihrer Nachtseite,
wo sie schön ist und wunderbar
oder schrecklich und rätselhaft.

Abseitsgehen ist nötig.[8]

Jörg Zink

Poetische Projektion

Die Heilige Schrift erzählt von dem Werden der Schöpfung nicht in distanzierter Berichterstattung, sondern sie singt Lieder und Hymnen zu Ehren des Schöpfers. Gleich zu Beginn der Bibel erklingt das wohl bekannteste Lied, das fälschlicherweise landauf, landab »erster Schöpfungsbericht« genannt wird. Dieser Text hat mit einem Bericht rein gar nichts zu tun, sondern ist eine wunderbare poetische Projektion der Schaffenskraft Gottes. In sieben Strophen besingt dieser Text die allmähliche Entfaltung der Welt allein durch Gottes Wort. Am Ende jeder Strophe – oder jeden Tages – steht der Refrain: »Und Gott sah, dass es gut war.« In der althebräischen Sprache hat dieser kleine Satz selbst eine schlichte, aber schöne Melodie. Es war dieser Text, der den genialen Literaturwissenschaftler J.R.R. Tolkien zu einem eigenen Schöpfungsmythos seiner Fantasiewelt Mittelerde inspiriert hat. In seinem Buch »Silmarillion« lässt Tolkien seine Welt durch den Gesang der Ainur entstehen – engelsgleicher, metaphysischer Wesen, die, durch den Einen Gott selbst angeregt, das große Lied der Schöpfung erklingen lassen.

In einer Welt, die aus der Stille kommt und durch Gesang entsteht, besteht die angemessene Haltung des Menschen aus Hören und Loben – nicht weil Gott gelobt werden müsste wie ein eitler orientalischer Herrscher, sondern weil das Lied des Lobes uns selbst hinaufträgt in die Gefilde des Staunens und der Dankbarkeit.

Dankbarkeit ist die Frucht des Lobes

Dankbarkeit ist die Frucht des Lobes. Und Staunen ist das Geschenk der Stille. Fast wie in einem eigenen Schöpfungspsalm dichtet John O'Donohue:

> Am Anfang war die Stille. Bevor irgendetwas existierte, herrschte überall Stille.
> Dann wurde das Universum geboren und die Stille in der Feuergewalt des Werdens gebrochen … Allmählich aber kam die Erde zur Ruhe und trat das Abenteuer ihrer eigenen Reise an … Ganz allmählich entwickelte die Erde ihre eigene Musik. Ströme verliehen den stillen Tälern eine Stimme. Zwischen Bergen und Meeren führten Flüsse die langen Lieder der Landschaft mit sich. Im Murmeln kühler Quellen klang träumerisch die Erinnerung an die steinernen Berge fort. Und aus der endlosen Ferne choreografierte der Mond den Wechsel der Gezeiten.[9]

Es ist spannend, dass dieser Rhythmus von Schweigen und Musik entscheidend ist für das Werden der menschlichen Schaffenskraft:

> So wie die Musik des Windes und des Wassers das tiefe Schweigen der Erde bricht, so bricht der Klang des Wortes das geheime Schweigen des Körpers. Diese Schwelle zwischen Schweigen und Wort schenkt der Fantasie jene Freiheit, die sie benötigt, um große Schönheit zu erschaffen.[10]

Ich habe selbst einmal diese Erfahrung in ihrer Tiefe machen dürfen: Am Ende einer langen und kreativen Schaffensphase war ich müde und leer. Doch es stand noch eine Reise an: mit Jugendlichen wollte ich eine Woche ins Kloster. Ich wusste

Ich muss der Stille
die in mir werden will
auch Raum geben
um sie hören zu können
dann setzt sie sich zusammen
aus den Strahlen der frühen Morgensonne
die heute schon warm sind
und dem Duft der Wiese
die noch nass vom gestrigen Regen ist
und die Luft mit Feuchtigkeit schwängert.

Zärtlich fast
füllt sich meine Stille
mit dem munteren Gesang der Vögel
die gerade ihre Jungen großziehen
und dem sanften Rascheln der Blätter
im lauen Wind
die bereits ihr kräftiges Sommergrün angenommen haben
Mitten darin
in diesem Frieden
sitze ich
mit meiner rotgepunkteten Tasse Tee
werde heil und atme
Freiheit.

Anja Erz-Holschuh

schon vorher, dass es dort die Möglichkeit zum Schweigen gab – doch sosehr ich mich danach sehnte, so unrealistisch erschien sie mir, denn ich musste mich ja um meine Gruppe kümmern. Im letzten Moment vor unserer Abfahrt kündigte eine Gemeindepraktikantin an, dass sie gerne mitfahren würde und die Verantwortung für die Jugendlichen übernehmen würde. Und so kam es, dass »meine« Jugendlichen eine gute Zeit im Kloster verbrachten und ich ganz in die Stille eintauchen konnte. Wie sehr habe ich es genossen, nach all den Worten und Gedanken, die ich in der Zeit vorher verfasst hatte, einfach nur zu schweigen und zu staunen. Ausgiebige Spaziergänge und der Rhythmus von Gebet und Arbeit haben mich schnell wieder ins Lot gebracht. Und ich habe in der Stille meiner Zelle Gedichte, Lieder und einige Texte geschrieben, die ich gar nicht hätte schreiben müssen – sie waren mir einfach so aus der Stille erwachsen.

Von Schönheit umgeben

Wir sind von Schönheit umgeben und können neu lernen, sie zu entdecken und wahrzunehmen. Und dann werden wir sie auch in den dunklen Abgründen unseres Lebens erkennen können. Nicht nur das Gerade und Helle, das Ebenmaß und die Vollkommenheit sind schön, auch wenn uns Mode und Werbung dies glauben machen wollen.

Ich habe als junger Mann in einem Altenheim für geistig und körperlich behinderte Menschen gearbeitet. Als ich das erste Mal einer älteren Dame aus Rumänien vorgestellt wurde, erschrak ich: Zusammengekauert war sie in ihren Rollstuhl versunken und war gezeichnet von multiplen Schlaganfällen. Ihre Haut war grobporig und ihre Haare hingen in wirren Strähnen um den knochigen Kopf. Aus einer dicken Hornbrille traf mich ein dunkler Blick aus wässrigen Augen. Völlig unvermittelt konnte sie zornig werden und mit einer kräch-

SALSA

Dein Herz
trommelt ein Lied für mich
ich lege mein Ohr
ganz nah
und lausche
dem Rhythmus deines Lebens
der mir seine Geschichte erzählt
mal laut
mal leise
mal traurig
mal froh
und während du singst
berühren unsere Melodien einander –
dann folgen sie wieder
ihrer ureigenen Komposition
umhüllt vom Klang der Harmonien
die ewig sind.

Anja Erz-Holschuh

zenden, heiseren Stimme unerhörte Schimpfworte in den Raum werfen.

Und dennoch geschah das Wunder, dass wir beide Freunde wurden. Vielleicht hatte ich mich ihr vorsichtig und langsam genug genähert und sie trotz ihres abstoßenden Äußeren respektvoll behandelt. Aber viel wahrscheinlicher war unsere Freundschaft ein Geschenk. Mit der Zeit entdeckte ich hinter der Fassade eine wunderbare Seele. Sie erzählte mir Geschichten aus ihrer Heimat und gemeinsam sangen wir mitten im Sommer lauthals und schräg deutsche Weihnachtslieder. Sowenig Anmut diese Musik gehabt haben dürfte, so wahr und schön war sie dennoch gewesen. Und während sie sang, lag eine Aura des Friedens über diesem gezeichneten Menschen.

Ein Pfad zur Seele

Die Musik ist ein geheimnis- und machtvoller Weg zu unserer Seele und oft die einzige Sprache, mit der wir zu Menschen hindurchdringen können, die sich nach außen abgeschottet haben. Eine Musiktherapeutin beschreibt ihre Erfahrung so: »Ich kann an der Musik entlang in einen Menschen hineinsehen – als wäre die Musik ein Tunnel zwischen ihm und mir. Mithilfe der unsichtbaren Hände der Musik suche ich nach den Menschen, und die Musik kann sie finden und zurückbringen. Nur die Musik vermag zu dem Wissen vorzudringen, das in diesen Menschen gefangen liegt.«[11] Musik versetzt unseren Körper in eine Schwingung, die uns an das zärtliche und liebevolle Werden unseres Selbst erinnert. Ich mag den Gedanken, dass Gott gesungen hat, als er unsere Seele erschuf. Und als unser Körper gestaltet wurde im Bauch unserer Mutter, haben wir ihre Bewegungen als Tanz empfunden und ihren Herzschlag als den Rhythmus unserer Welt erlebt.

Die Kelten kannten die Magie der Musik. Ihre wesentlichen Überlieferungen wurden in Liedform tradiert und ihre Barden

Harfensegen

Möge Gott uns gewähren
allzeit kraftvoll die Harfe zu schlagen
und mit ihr
durch die lichten Wälder zu wandern,
im tiefen Gras zu liegen,
den Flug des Vogels zu beobachten,
das duftende, brennende Holz zu riechen
und den Blick nach oben zu werfen
hinauf zu der unbeachteten Schönheit des Mondes.
Möge all dies uns die Kraft geben,
die schwingenden Saiten zu spüren,
das Singen des Ahorns
und der Ulme zu fühlen
und aus der Kraft der Stille
unsere Harfe mächtig und sanft erklingen zu lassen.

Traditional aus Irland

bewahrten das kollektive Wissen und Gedächtnis ihrer Kultur in einer Vielzahl von Sprüchen und Gesängen. So umfangreich war die Ausbildung der Barden, die alle Lieder auswendig lernen mussten, dass sie zwanzig Jahre lang dauerte! Ihr Status war dem des Druiden ebenbürtig und nicht selten vereinten große Gelehrte beides in einer Person. Selbst in der Neuzeit, als Irland längst von protestantischen Engländern besetzt war und den katholischen Priestern die Rückkehr ins Vaterland die Hinrichtung eingebracht hätte, gab es den »Barden von Armagh«: ein Bischof, der scheinbar als fahrender Sänger mit seiner Harfe übers Land zog und dabei heimlich Messen hielt und Priester weihte. Dabei war dieser Bischof auch Sänger und Musiker und verstand es, das Evangelium nicht nur mit dem Wort, sondern auch mit dem Klang seiner Kunst zu verbinden.

Die Gabe empfangen

Zu der Vorbereitung auf einen Gottesdienst gehört das Gebet in der Sakristei: Der Priester öffnet sich für die göttliche Präsenz und übergibt sich selbst der Führung des Himmels. Ein echter Gottesdienst ist eine gewagte Sache, denn wir begeben uns in ihm in die Sphäre des Heiligen, das kraftvoll und mächtig in unser Leben einwirken kann.

Ebenso ist wahres Musizieren eine heilige Sache, denn hier öffnet sich unsere Seele und wir werden empfänglich und verletzlich zugleich.

Musik zu schaffen und wirken zu dürfen hat viel mit Demut und wenig mit Stolz zu tun. Und so entspringt die Bitte um den Segen beim Spielen vor dem Spielen einem archaischen Wissen um das Wesen der Musik. Es ist, als wenn Gott eingeladen wird, zu unserer Musik selbst zu tanzen und sich an ihr zu erfreuen.

Als Songwriter erfahre ich immer wieder, dass der größte Anteil an einer neuen Melodie geschenkt ist. Natürlich bedarf es eines guten handwerklichen Könnens, um der Inspiration den Schliff zu geben und die fertige Komposition auf einem Instrument stimmungsvoll wiedergeben zu können. Und dennoch ist es letztlich eine Gabe, die ich demütig empfange.

Eine schöne Geschichte aus dem Kloster Whitby vertieft diesen Gedanken: Bruder Caedmon war schon ein alter Mönch und hatte in seinem langen Leben nie einen Zugang zu Musik oder Dichtung gefunden. Wenn nach dem Essen Musik gespielt wurde und die Harfe im Kreis herumging, damit jeder ein Lied beisteuere, ging er lieber in seine Zelle, bevor er an die Reihe kam. Eines Abends war er wieder einmal vorzeitig gegangen und schnell in einen tiefen Schlaf gefallen. Da erschien ihm im Traum ein Mann, nannte ihn beim Namen und bat ihn, ein Lied für ihn zu singen. Caedmon protestierte und warf ein, dass ja genau dies der Grund gewesen sei, weswegen er das Fest verlassen hatte: er könne nicht singen. »Aber für mich sollst du singen«, sagte der Fremde. »Singe von der Schöpfung aller Dinge.« Caedmon erhob seine Stimme und die Worte flogen wie Vögel aus seiner Kehle:

> Nun preisen wir den, der das Gewölbe des Himmels
>   gestaltet hat, die Majestät seiner Macht und seiner
>   Gedanken Weisheit,
> Werk des Weltenwächters, der alle Wunder wirkt,
> wie er, der Herr der ewigen Herrlichkeit,
> für das Menschengeschlecht den Himmel wie eine
>   Baumkrone schmiedete,
> dann die Mittel-Erde zu dessen Wohnung machte.
>
> *Caedmon der Sänger*

Als Caedmon aufwachte, konnte er sich an alles erinnern. Er schrieb weitere Verse. Schließlich vertonte er die ganze Heilsgeschichte. Seine Lieder bewegten so viele Menschen, dass etliche ihr Leben änderten und in Gottes Dienste traten. Obwohl Caedmon sah, welche Macht seine Lieder über Menschen hatten, blieb er ein einfacher Mönch und ein bescheidener Mann.[12]

Geheimnis der Stimme

Es gibt wohl keinen Klang, der Menschen so sehr zu bewegen vermag wie die menschliche Stimme. Eine schöne Stimme beglückt uns und versetzt uns unweigerlich in eine gehobene Stimmung. Sie ruft Resonanzen in unserem Körper wach und erinnert uns an die Gabe, die wir alle bekommen haben: die Musik. Ein sehr lebendiger Brauch in der irischen Welt sind Musik-Sessions im Pub. Alt und Jung kommen zusammen, um die jahrhundertealten Weisen zu spielen. Meistens handelt es sich dabei um Instrumentalmusik. Wenn aber ein Sänger oder eine Sängerin ihre Stimme erheben und eine Ballade singen, herrscht sofort eine ungewöhnliche Stille und inmitten der lebhaften Kneipengeräusche entsteht eine Stimmung der Andacht. Es ist wiederum John O'Donohue, der die Gretchenfrage stellt: »Warum berührt uns herrlicher Gesang so tief? Vielleicht fesselt er uns deshalb stärker als ein Instrument, weil der Klang der menschlichen Stimme unser ureigener Klang ist. Die Stimme ist der persönlichste Ausdruck menschlicher Individualität und kommt von einem ganz anderen Ort als alle übrigen Klänge der Schöpfung. Obwohl auch die Stimme einen Erdanteil besitzt, stammt sie nicht von dieser Erde … in unserer Stimme hallen Erde und Himmel wider. In ihr erklingt das menschliche Bewusstsein, das in den Weltraum hinausgeatmet wird.«[13]

Unser Begriff der Person, also unser ganz eigener Wesenskern, hat ursprünglich mit nichts anderem zu tun als mit unserer Stimme. Im Griechischen bezeichnet »persona« die Maske des Schauspielers, die zwar sein Gesicht verbirgt, durch die aber seine Stimme »hindurchklingt« – und das heißt auf Latein »personare«. In der Stimme verbirgt sich also die Wahrheit unseres Ichs. Wir haben alle schon die Erfahrung gemacht, wie schnell wir spüren, wenn es einem lieben Menschen nicht gut geht, obwohl wir ihn nur am Telefon hören – wenige Silben reichen aus, um seinen Gemütszustand zu erahnen. Unsere Stimme ist der Spiegel unserer Seele.

Daher kann eine sängerisch ungeschulte Stimme manchmal Menschen stärker berühren und bewegen, wenn sie aus einer aufrichtigen Seele kommt, als das kunstvollste Lied, das nur zur eigenen Selbstinszenierung angestimmt wird.

Ich habe das einmal auf einer Musikmesse eindringlich erlebt. Auf einer großen Bühne bereiteten sich eine Band und ihre Gospelsängerin auf einen glanzvollen Auftritt vor. Mit großer schwarzer Stimme sang die Diva beeindruckende Intervalle und schwang sich mit kunstreichen Soul-Verzierungen in die höchsten Höhen empor. Trotz ihrer unglaublichen Virtuosität kam mir das Ganze hohl und leer vor – es war eine bloße Reproduktion gelernter Phrasen. Als ich in einen kleinen Raum mit winziger Bühne und kleinem Publikum kam, in dem eine andere Sängerin sich selbst zur Gitarre begleitete und sehr einfache, aber schöne Songs sang, erkannte ich sofort den Unterschied: Diese Sängerin hatte weder die Stimmgewalt noch das handwerkliche Vermögen der Gospelsängerin, aber ihre Musik war wahr und berührte die Menschen in diesem Raum unmittelbar. Diese Sängerin offenbarte eine schöne Seele.

Lob des Leibes

Musik und Schönheit sind zwei Schwestern, die einander brauchen und ohneeinander nicht bestehen. Die keltischen Christen vermochten Schönheit wahrzunehmen, wo immer sie ihnen auch begegnete. Unbefangen lobte Patrick die Schönheit von jungen Frauen, die er getauft hatte. Das römische Christentum hatte hier viel mehr Probleme. Durch den Einfluss der neuplatonischen Philosophie auf die junge christliche Religion wurde schnell alles Leiblich-Natürliche in den Verruf gebracht, nichts als Blendwerk und Versuchung zu sein. Durch die körperliche Schönheit sollten wir an die materielle Existenz unseres Körpers gebunden und somit der Aufstieg unserer Seele in das reine Reich des Geistes verhindert werden. Diese Überzeu-

Ich liebe Bäume und Felsen,
Bäche und Singvögel,
ich liebe die Wüste und den Sumpf,
das Meer und das Hochgebirge
und die sanften Formen
von »Berg, Hügel, Tal und Feldern«.
Ich habe nichts gegen die Erde,
auch nichts gegen ihre Vitalität,
nichts gegen Fäulnis
und neues Leben aus der Verwesung.
Ich finde sie gut,
einschließlich von Geburt und Tod
in ihrer tausendfältigen Gestalt.
Ich fühle mich ganz und gar
als ein Wesen dieser Erde,
und ehe ich über Leid, Gewalt und Tod klage,
danke ich immer noch einmal dafür,
dass ich in dieser herrlichen, bedrohlichen,
wunderbaren Welt lebe.[14]

Jörg Zink

Das ganze Weltall ist Gesang:
Lobgesang und Festgesang und Hochzeitsgesang.
Wir sind noch nicht im Festsaal angelangt,
wir sind aber eingeladen und sehen schon die Lichter
und hören schon die Musik.
Wir warten in der Dunkelheit der Nacht auf die Ankunft
des Bräutigams,
wir sehen aber schon ein Licht in der Ferne
und hören einen Lobgesang in der Nacht.[15]

Ernesto Cardenal

gung hatte weitreichende Folgen bis in unsere Tage: Viel Leib-
feindlichkeit und unterdrückte Sexualität bis hin zur Blindheit
und zum Desinteresse gegenüber Kunst und Musik hätte unseren Kirchen erspart bleiben können, wenn sie sich mehr an ihren biblischen Quellen ausgerichtet hätten. Selbst Paulus, der
als großer Asket und strenger Lehrer bekannt war, konnte einen
Satz wie diesen in aller Selbstverständlichkeit sagen: »Euer Körper ist der Tempel des heiligen Geistes!«

Wir sind dazu aufgerufen, mit unserem ganzen Körper und
unserer Seele diese Welt zu bewohnen – es gibt kaum eine inti-
mere Verbindung zwischen Seele und Leib als in der Musik:
Die Seele empfindet die Zartheit, die Wildheit, die Größe und
die Bedeutung der Klänge in diesem Kosmos. Ich nenne das
Inspiration. Aber ohne unseren Körper können wir diese Inspiration nicht empfinden und ausdrücken. Ohne Stimmbän-
der kann sich keine schöne Stimme emporheben zum Tempel
der Muse. Ohne Gehör und Tastsinn wird es kaum eine große
Komposition geben (Beethoven mag da eine große Ausnahme
gewesen sein, als er bereits taub sein großartiges Alterswerk
schuf), noch wird Musik in Vielfalt erklingen. Wir sind ganz-
heitliche Wesen und nur als solche können wir das Lied, das in
allem klingt, hören und wiedergeben.

Erhaben sein

»Unsere Musik zählt zu den herrlichsten Klängen, die je auf
Erden vernommen wurden. Der Mensch stand der fremden
Stille der Erde gegenüber und erschuf mit der Musik eine der
schönsten menschlichen Schöpfungen. Die Erschaffung der
herrlichen, erhabenen Musik zählt zu den wundervollsten Blüten menschlicher Fantasie. Selbst wenn wir sonst kaum etwas
vollbracht hätten – die Musik bliebe doch unser einzigartiges
Geschenk an die Schöpfung, denn es gibt keinen anderen
Klang, kein anderes Geräusch auf Erden, die sich mit der

Schönheit und Erhabenheit der Musik vergleichen ließe. Ihre Resonanz währt ewig. Allerdings hängt dies damit zusammen, wie wir sie hören. Vielleicht gibt es für das Gehör der Tiere nichts Schöneres als das Rauschen des Windes im Wald oder den rhythmischen Salsa des wilden Ozeans, der gegen den Felsen brandet. Für das menschliche Bewusstsein jedoch ist die Musik ein Widerhall der größten Herrlichkeit und der sublimsten Intimität der Seele.«[16]

Musik hat etwas mit Erhabenheit zu tun: Sie hebt uns heraus aus den Niederungen unseres Alltags. Und sie weist hin auf eine Wirklichkeit, die noch nicht ist, aber auf die wir zugehen und auf die wir hoffen: die Wirklichkeit des neuen Menschen.

Der große Theologe Eberhard Jüngel schreibt: »Wenn es so etwas wie Zukunftsmusik gibt, dann war sie damals, dann ist sie am Ostermorgen an der Zeit: zur Begrüßung des neuen Menschen, über den der Tod nicht mehr herrscht. Das müsste freilich eine Musik sein – nicht nur für Flöten und Geigen, nicht für Trompeten, Orgel und Kontrabass, sondern für die ganze Schöpfung geschrieben, für jede seufzende Kreatur, sodass alle Welt einstimmen und Groß und Klein, und sei es unter Tränen, wirklich jauchzen kann, ja so, dass selbst die großen Dinge und die groben Klötze mitsummen und mitbrummen müssen: Ein neuer Mensch ist da, geheimnisvoll uns allen weit voraus, aber doch eben da.«[17]

4. Hingabe wagen – Das Gebet ist die Pforte zur Schönheit

Das Gebet ist eine tiefe Verbeugung vor dem Leben. Diese Verbindung mit dem Quellgrund unseres Seins ist eine umfassende Hingabe an die Wirklichkeit, aus der wir kommen. Unser Körper, unser Geist, unsere Sinne und die Welt, in die wir eingebettet sind, ermöglichen es uns, diese Verbindung zu leben und sie auszudrücken. Das Gebet umfasst alle Regungen unseres Herzens, wenn es den Namen verdient. Deswegen ist es ein großes Heilmittel gegen Traurigkeit, Ohnmacht und Bitterkeit. Es hält uns in der Schwebe des Lebendigen.

Beflügeltes Beten

Die keltischen Christen wagten es, Gott in allen Dingen zu begegnen, und seien sie noch so alltäglich. Ganz im Gegensatz zur neuplatonischen Philosophie, die der materiellen Schöpfung ablehnend gegenüberstand, wussten die Kelten: Gott hat diese Welt gut geschaffen. Als ihr Schöpfer steht er ihr gegenüber – und dennoch durchdringt er sie. Deswegen können die Erscheinungen der Schöpfung auch Fingerzeige auf ihn hin sein – und unser Gebet beflügeln. Die Erfahrung von Gottes guter Schöpfung birgt so viel Inspiration für teils schlichte, teils poetische Gebete im weiten Raum der keltischen Seele. Alexander Carmichael erzählt von Gebeten, die er auf seinen Reisen auf die hebridischen Inseln gehört hat und sich ganz eingebettet in den Rhythmus der Natur ereignen:

»Die alten Leute auf den Inseln singen ein kurzes Lied, bevor sie beten. Manchmal stimmen sie Lied und Gebet als tiefe, schwingende, unendliche Kadenz an, wie das Wogen und Stöhnen, das Rauschen und Seufzen des immer tönenden Meeres an ihren eigenen wilden Stränden. Sie ziehen sich dazu gewöhnlich in eine Kammer zurück, in ein Nebengebäude, den Windschatten eines Hügels oder in ein schützendes Tal, wo sie von keinem Menschen gesehen und gehört werden können. Ich habe Männer und Frauen kennengelernt, 80, 90 und 100 Jahre alt, die immer noch ihrer Gewohnheit folgend ein bis zwei Meilen zum Strand gingen, um dort ihre Stimmen in die Stimme der Wellen zu mischen und ihre Loblieder in die endlosen Loblieder des Meeres.«[18]

Gott genießen

Indem wir die Welt genießen und uns an ihr freuen, dürfen wir Gott genießen. Das hat nichts mit Hedonismus oder Maßlosigkeit zu tun, sondern ist die angemessene Haltung der Geschöpfe gegenüber ihrem Schöpfer. Die keltischen Heiligen »ruhten in sich und in der Gegenwart Gottes, die sie als heilsam und angenehm erlebten, selbst wenn dieser Gott alles andere als zahm und harmlos war. Folglich war auch das Gebet für sie keine abstrakte Theorie oder trockene Pflichtübung, sondern drehte sich um die ganz konkrete Erfahrung Gottes, der nicht teilnahmslos zurückgezogen, sondern räumlich und körperlich nahe war«[19].

Das Gebet ist eine Übung der Wahrnehmung. Indem wir die Dinge, die uns während des Tages begegnen und beschäftigen, vor Gott hinlegen, bekommen wir auch eine andere Haltung gegenüber allem, was uns freut, fordert, belastet und bewegt. Es wird von Gottes Heiligkeit durchdrungen. Alltägliche, banale Handlungen erhalten eine transzendente Schönheit. Sind wir schon einmal auf die Idee gekommen, beim Bettenmachen an Gott zu denken? An den, der die Ruhe der Nacht schenkt, der in ihr unserem Körper Erholung und unserem Geist eine heilvolle Distanz gibt? Der den Gast, für den wir das Bett machen, vielleicht als seinen Boten zu uns sendet? Viele Gebete in der keltischen Welt finden nicht in der Kirche statt, sondern während der Arbeit: »Hier sind gewöhnliche Laien wie ich, die ein extrem geschäftiges Leben führen, und doch durchzieht das Gebet alles, was sie tun. Es war freilich ganz unbewusst, und das war Teil seiner Kraft. Hier ist ein Leben voll Tanzen und Feiern, gar nicht fromm und ernst, ein Leben, das nahe bei Gott gelebt wurde, so wie es den Nachbarn in der natürlichen Welt nahe war.«[20]

Auch die Art, wie Jesus betet, atmet diese Freiheit und Spontaneität. Die Evangelien erzählen von Gebeten, die er sowohl mitten in seinem Tun spricht, als auch von Gebeten, die den geschützten Raum des Rückzugs brauchen. Zwischen diesen beiden Polen wird sich auch unser Gebet entfalten können: Gebete mitten im Leben und Gebete an besonderen Orten und zu besonderen Zeiten.

Da berühren sich Himmel und Erde

Das Gebet ist der Ort, an dem sich Himmel und Erde berühren. Es gibt keine wirkliche Trennung unserer Welt in Oben und Unten, in Diesseits und Jenseits, in Göttliches und Weltliches, in Heiliges und Profanes. Alle diese Unterscheidungen haben wir nur erfunden, um uns in der Komplexität unseres Lebens leichter zurechtzufinden. Sie sind wie eine grob vereinfachte Skizze einer wunderschönen, wilden, fremden und zugleich vertrauten Landschaft. Die Skizze hat nur den Zweck, den Wanderer zu führen. Aber sie darf nie die Landschaft selbst ersetzen.

Wenn wir also die Zeit des Gebets unterscheiden von der Zeit unserer Arbeit, unserer Freizeit oder unserer Alltagswirklichkeit, dann mag das praktisch sein. In Wahrheit jedoch sollte all unser Tun, Fühlen, Empfinden, Denken und unser

Leben ein Gebet sein: Wir wenden uns unablässig unserem Schöpfer zu und empfangen seinen Segen für uns. Jesus fordert seine Jünger auf, »dass sie allzeit beten und nicht nachlassen sollten« (Lukas 18,1). Und Patrick bekennt von seiner Zeit als Hirtensklave in den verlassenen Gegenden Nordirlands: »Mein Geist kam in Bewegung, sodass ich an einem einzigen Tag an die hundert Gebete sprach und fast ebenso viel in der Nacht, und das selbst dann, wenn ich in den Wäldern und Bergen war; ich stand gewöhnlich vor Tagesanbruch auf, um zu beten, durch den Schnee, durch Frost, durch Regen und spürte, wie es mir nicht schadete.«[21]

Natürlich leben wir wohl kaum so intensiv und so bewusst, um dies auch nur einen Tag durchzuhalten. Aber wir können uns immer wieder daran erinnern, dass es so ist:

Wenn wir durch Berge und Wälder laufen: Unser Sein ist ein Gebet.

Wenn wir den Tisch decken und die Speisen auftragen, die jemand liebevoll zubereitet hat: Unser Sein ist ein Gebet.

Wenn wir in der Kneipe einen Fremden treffen und mit ihm sprechen: Unser Sein ist ein Gebet.

Wenn wir unserer Arbeit nachgehen und auf vielfältige Weise teilhaben am schöpferischen Wachstum der Welt: Unser Sein ist ein Gebet.

Wenn wir uns erholen und müßig sind und »nur« Musik hören, einen Film sehen, ein Spiel spielen: Unser Sein ist ein Gebet.

Es ist gerade die keltische Spiritualität, die das Gebet im Alltag seit jeher pflegt und eine eigene Poetik der täglichen Handlungen und Verrichtungen entwickelt hat: ein Gebet für das Aufstehen, für das Anziehen, für das Feuermachen, für die Mahlzeit, für Säen und Ernten, für die Gesundheit des Viehs, für die Reise, für das Feiern, für den Abend, für die Ruhe des Körpers, für Bewahrung in der Nacht …

Wenn wir während unseres Tagesablaufes immer wieder innehalten können und mit alten oder spontanen Worten und

Zeichen die Nähe der göttlichen Präsenz in all unserem Tun suchen, wird unser Tun seine Macht über uns verlieren. Wir werden in Distanz treten zu unseren selbst gemachten (Zeit-) Zwängen und Zielen und werden uns einüben in das Wissen, dass sowieso alles ein Geschenk ist. Wer sich den Luxus der heiligen Unterbrechung gönnt, wird merken, dass er effizienter und gelassener arbeiten kann.

Alles hat seine Zeit

Das andere stimmt jedoch auch: Es gibt besondere Zeiten, in denen die Grenzen zwischen den Welten besonders transparent sind. Und wir selbst sind eingebettet in den Rhythmus der Erde und unseres Körpers, der uns zu manchen Zeiten besser in das Geheimnis des Betens einführt als zu anderen. Viele Menschen schwören darauf, sich in den ersten Momenten des Tages besonders gut dem Gebet hingeben zu können: Wenn die Geräusche des Tages noch gedämpft an unser Ohr dringen und unsere Vorhaben und Anforderungen für den Tag noch Aufschub dulden, wenn es noch stiller ist auf den Straßen und selbst die Natur sich erst zaghaft regt, dann fühlen sich Menschen offen und bereit zum Gebet.

Einige gönnen sich statt eines Mittagessens eine Zeit der Kontemplation und Stille und tanken geistig auf, während die Mehrheit den Bedürfnissen ihres Körpers nachkommt.

Ich selbst dagegen kann erst abschalten und mich der anderen Welt öffnen, wenn mein Tagwerk vollbracht ist und ich Entspannung und Muße zum Gebet empfangen darf. Jeder wird seinen eigenen Rhythmus finden, wenn er auf die Weisheit seines Körpers hört. Ein voller Magen jedoch und ein müder Geist sind die natürlichen Feinde einer offenen und wachen Präsenz.

Das Gebet der Sinnlichkeit

»Der Protestantismus hat allzu lange behauptet, Gott offenbare sich allein in seinem Wort. Dieses Wort werde durch Lehre vermittelt und mit dem Kopf aufgenommen. Wenn aber Gott uns so nahe ist, wie das Wort Jesu vom ›Vater‹ uns sagen will, dann gibt es viele andere Wege, auf denen Vertrauen, Glaube, Zuversicht und Dankbarkeit entstehen können, Heiterkeit, Leichtigkeit, Lockerheit. Wenn eines der Ziele, die uns das Evangelium vor Augen stellt, ist, wir sollten leben wie die Kinder, dann müssen wir wohl dem Kind in uns, das zu schauen vermag, zu singen, zu tanzen und zu danken, Raum geben.«[22] Die ketzerische Geringschätzung unseres Körpers in 1700 Jahren westlicher Kirchengeschichte hat gerade im Verständnis, was Gebet ist, schwere Folgen mit sich gebracht. Auch hier können wir wieder bei den keltischen Christen in die Lehre gehen und an die Wurzeln unseres Glaubens zurückkehren. Wir werden lernen zu lauschen, wenn die Polyphonie der Meeresbrandung uns auffordert, in das ewige Gebet der Schönheit mit einzustimmen. Wir werden die Stille hören, die sich in einem romanischen Pfeiler seit 900 Jahren über Gott freut. Wir werden zuhören, wenn sich ein Fels an Millionen Jahre seines stummen Gebetes erinnert. Wir werden uns freuen, wenn das Rauschen des Waldes wetteifert mit dem Lobgesang der Vögel, die in seinen Bäumen nisten. Wir werden die Musik der Regentropfen schätzen, die in Tausenden von unterschiedlichen Stimmen auf Pflastersteine fallen, in Pfützen und Bäche, auf Asphalt und Dachschiefer. All diese Gebete sind uns mit einem einzigen Sinn zugänglich: dem Hören. Aber wir können so viele Empfindungen verfeinern und in die Wachsamkeit unseres Gebetes, unserer Hingabe an Gott, mit einbeziehen.

Wer jemals über einen orientalischen Souk gelaufen ist, mag sich über unseren verkümmerten europäischen Geruchssinn gewundert haben. Hunderte von Düften und Gerüchen dringen an unsere Nase: exotische Gewürze, frisch gebrühter Kaffee, reinigender Weihrauch, Schweiß vieler Körper, der Geruch von Esel und Kamel, frischem Leder und punziertem Messing.

Die Bibel spricht sogar vom Duft der Weisheit:

Wohlgeruch von Zimt und Akazien hauche ich aus,
den Duft von feinster Myrrhe,
von Balsam und anderen Düften,
und alles wie den Weihrauch im Heiligtum.

Jesus Sirach 24,9

Duft in Form von Weihrauch, Öl und Salben spielt auch im Leben Jesu an drei besonderen Stationen eine wichtige Rolle. Zu seiner Geburt bringen die Weisen Weihrauch und Myrrhe, wertvolle Harze und Kräuter, um die Kostbarkeit dieses jungen Lebens zu würdigen. Kurz vor Beginn seines Leidensweges wird er bei einem Gastmahl überraschend von einer Frau mit einem unschätzbar wertvollen Nardenöl gesalbt. Die Jünger sind empört: Man hätte den Erlös des Öls doch besser an die Armen verteilen können, als es an Jesus zu verschwenden. Der wahre Skandal in dieser Geschichte liegt allerdings woanders: Israels Messias wird nicht von einem Hohepriester gesalbt und so in seinem Amt bestätigt, sondern von einer Frau zweifelhafter Herkunft. Und wieder sind es Frauen, die den toten Jesus mit »wohlriechendem Öl« (Markus 16,1) salben wollen – allerdings treffen sie »nur« einen Engel, der ihnen den Auferstandenen verkündet.

Es ist auffallend, wie sehr sich durch das Leben und die Botschaft Jesu ein Bezug zum Sinnlichen zieht: Jesus spricht von einem Acker, von Blumen, Bäumen und einem Senfkorn, er sieht die Vögel des Himmels, die Schafherden in der Steppe und die Fische des Sees, er feiert mit Brot und Wein, bleibt geborgen in Sturm und Unwetter und freut sich am Glanz des Feuers, an Morgen- und Abendrot. Jesus lebt ganz in dieser

65

Welt und weiß seinen Abba in allen Dingen und Erscheinungen am Werk. Die ganz gewöhnlichen Dinge dieser Welt werden bei ihm zu Gleichnissen für das Wirken Gottes und das Sichtbare wird zu einem Fenster in die Welt des Unsichtbaren. Es ist, als wenn er sagen wollte: schau, riech, trinke, atme, verstehe, spüre der Schönheit nach und wundere dich nicht über ihre Entstellungen. »Alles um dich ist ein Mantel, der bis zu den Sternen geht.« (Andy Hoffschildt)

Unsere Sinne helfen uns beim Beten, und wenn wir uns dessen bewusst werden, wird vieles zum Gebet, was uns vorher entfernt davon erschien. Mein Schwager Marcel ist zum Beispiel ein hervorragender Koch. Sein Talent ist es, aus allem Möglichen ein grandioses Menü zu zaubern. Er selbst genießt seine Zeit in der Küche und entspannt sich beim Kochen bei guter Musik und einem Glas Rosé. Wenn dann alle am großen Tisch versammelt sind, Kinder, Frauen, Männer, Freunde und Verwandte und um den Segen der Speisen bitten: Wer darf sagen, dass Marcels Tun kein Gebet war und in seinem Talent und seiner Hingabe der Schöpfer nicht gelobt wurde? Meine Freundin Dipika ist eine begnadete Köchin. Sie kocht nur mit Hingabe. Sie teilt die Überzeugung, dass ein Essen, das nicht mit Liebe zubereitet wurde, uns zwar für den Moment sättigen mag, aber auf Dauer nicht förderlich sei. Und diese Hingabe beginnt für sie mit der sorgfältigen Auswahl der Zutaten. Da sie Studentin ist, wird das nicht immer das Teuerste sein können, aber sicherlich das Beste!

Als ich Abiturient war, hat mich ein Freund in die Kunst des Pfeiferauchens eingeführt. Die Hingabe beginnt schon weit vor dem Rauchen: Man öffnet den Tabakbeutel und ein betörendes Aroma umspielt die Nase. Man nimmt vorsichtig einigen Tabak zwischen die Finger und stopft damit die geputzte Pfeife – unten lose, oben fest. Schließlich zündet man die Pfeife an und muss sich ganz darauf konzentrieren, eine Glut zu ermöglichen. Und dann erst kann man ruhig und voller Muße seine Pfeife schmauchen. Natürlich möchte ich gerade mit diesem Beispiel nicht behaupten, dass jeglicher sinnliche Genuss ein Gebet wäre. Alles kann je nach Dosierung zum Guten oder zum Schlechten benutzt werden. Aber mein Freund und ich hatten gerade durch die Pfeife gefördert eine gesammelte Präsenz, die sich ohne Pfeife so wohl nicht eingestellt hätte. In regelmäßigen Abständen trafen wir uns im Turmzimmer eines alten Hauses, lasen uns gegenseitig Gedichte vor, rauchten, schwiegen und sprachen miteinander. Die Pfeife forderte ihren eigenen Rhythmus und unser Schweigen und Sprechen richtete sich danach. Ich denke, dass unsere Gespräche nur durch diesen Rhythmus ihre Bedeutung und ihre Tiefe für uns gewannen.

Ein letztes Beispiel für ein Gebet mit den Sinnen möchte ich dem Tastsinn widmen. Vielleicht mag es anstößig klingen, aber in seiner Ursprünglichkeit und Reinheit betrachtet ist es vielmehr heilig: Wenn sich zwei Liebende im Tanze des Eros begegnen und ihre Körper das Fest der Vereinigung feiern und ihre Seelen ihnen dabei folgen, möchte ich dies Gebet nennen. Im Akt der Liebenden wird der Schöpfer allen Lebens auf uralte, archaische Weise gepriesen. Die Vereinigung der beiden ist das Tor der Sehnsucht des Lebens nach sich selbst. Jenseits von Worten vollzieht sich dieses Gebet und wird doch getragen von den ältesten Worten überhaupt: Du bist gewollt und du bist geliebt. Diese Worte erklingen sowohl an die Liebenden selbst als auch an das Leben, das aus ihrer Liebe geboren werden will. Der Kreislauf schließt sich.

Worte der Schönheit

Was ich bisher über das Gebet gesagt habe, möchte der Wahrhaftigkeit des gesprochenen Gebetes keinen Abbruch tun. Das Gebet mit Worten vollzieht sich in den drei Grundbewegungen des Lobens und Dankens, der Klage und der Bitte:

Das Lob ist wie die Morgensonne

Die liebevolle Hinwendung zu der Wahrheit und Schönheit der Dinge und Menschen geschieht am umfassendsten im Lob. Es ist die Haltung einer gesammelten Wachsamkeit und Wertschätzung, die uns den Weg zum Loben führt. Gründe für das Lob gibt es an jedem Tag in großer Zahl – ebenso wie die Blumen, die im Morgentau auf einer Sommerwiese stehen und mit ihren noch gesenkten Köpfen darauf warten, dass die ersten Sonnenstrahlen sie wach küssen und ihnen helfen, sich zu ihrer ganzen Schönheit und Pracht aufzurichten. Die Blumen, ihre Gestalt, Form und ihre Farben sind unabhängig von den Strahlen da, aber wir sehen sie erst, wenn die Sonne sie verklärt. Ebenso ist es mit dem Lob: Es macht die Dinge schöner, wahrhaftiger und bedeutsamer in unserer Wahrnehmung.

Wenn wir also loben, beschenken wir zuallererst uns selbst. Gott braucht unser Lob nicht, obwohl ich davon überzeugt bin, dass er sich darüber freut. Aber nicht, weil er wie ein eitler orientalischer Monarch aus Tausendundeiner Nacht sich an die schmeichelnden und kriecherischen Preisungen seiner Größe und Macht gewöhnt hätte, sondern weil er sieht, wie das Loben seine Kinder schön macht.

Wenn man das Glück hat, mit kleinen Kindern seinen Alltag zu teilen, sieht man die Segnungen des Lobens in ihrer unmittelbarsten Form: Kinder brauchen Lob, um zu wachsen. Eine irische Redensart sagt: Lobe die Jugend und sie blüht auf. Im Urwald ihrer täglich neuen Eindrücke und Erlebnisse ist das Lob so etwas wie die Bestätigung, dass sie auf dem richtigen Weg sind. Als meine Tochter noch ganz klein war, lobte ich sie, wenn sie ihre Windel richtig schön voll gemacht hatte. Sie gluckste und freute sich. Und sie bekommt dadurch ein entspanntes Verhältnis zu ihrer Verdauung. Meinen dreijährigen Sohn lobte ich, wenn er mit krakeligen Linien ein Bild gemalt hatte und es mir stolz schenkte. Was aus unserer Perspektive mit Kunst nichts zu tun hat, ist für ihn ein Mysterium: Er hat es geschafft, mit einem Stift ein vages Abbild seiner inneren Bilder nach außen zu bringen. Auch als Erwachsene sind wir dankbar für ein Lob. Wenn uns ein Mensch lobt, der uns wertschätzt, entspannen sich unsere Züge und wir werden dankbar für die positive Verstärkung. Wer nie oder selten Lob erfährt, wird bitter und verschlossen.

Ein guter Chef wird seine Mitarbeiter loben und ihre positive Einstellung zu seiner Firma damit verstärken. Auch wenn Kritisches gesagt werden muss, kann das mit Wertschätzung geschehen.

Wenn wir nun im Gebet unseren Schöpfer loben, üben wir uns in der Zuversicht, dass wir trotz aller Brüche und Wunden in unserem Leben in einer größeren Zugehörigkeit geborgen sind. Das Lob Gottes lässt unser Vertrauen wachsen und verstärkt unseren Glauben an das Gute, das uns widerfahren kann und wird. Im Präfationsgebet des Abendmahls heißt es:

> Wahrhaft würdig und recht ist es, billig und heilsam, dass wir dich zu allen Zeiten und an allen Orten loben und dir danken.

Das Gebet sagt mit diesen alten Worten: Es entspricht unserem menschlichen Wesen, zu loben. Und es macht uns heil und ganz.

Wie kaum ein anderer Heiliger hat Franz von Assisi diese Haltung gelebt. Wäre er nicht in Umbrien geboren, wäre er das perfekte Bild eines keltischen Weisen. In seinem berühmten Sonnengesang lobt er Gott für die Sonne, den Mond, die Sterne, die Erde und sogar für den Tod. Er nennt sie Schwester und Bruder und besingt damit die mystische Zusammengehörigkeit zwischen dem Geschöpf Mensch und der ganzen Schöpfung:

Gelobt seist du, mein Herr,
durch unsere Schwester, Mutter Erde,
die uns ernährt und lenkt
und vielfältige Früchte hervorbringt
und bunte Blumen und Kräuter.

Gelobt seist du, mein Herr, durch jene,
die verzeihen um deiner Liebe willen
und Krankheit ertragen und Drangsal.
Selig jene, die solches ertragen in Frieden,
denn von dir, Höchster,
werden sie gekrönt werden.

Aus dem Sonnengesang des Franz von Assisi

Die Klage ist die Schwester des Lobens

Es wäre naiv, wenn wir nur die hellen, schönen, bunten Seiten unseres Lebens betrachten würden. Wir haben alle schon am eigenen Leib erfahren, dass das Leben auch abgründig, dunkel und verborgen sein kann.

Mit unseren Gefühlen der Einsamkeit, Trauer und Verzweiflung brauchen wir aber nicht alleine bleiben. Auch sie dürfen und sollen wir vor Gott bringen.

Die Bibel und in ihr besonders das Buch der Psalmen kennt die Klage und sogar die Anklage. Es gibt zwei Gattungen der Psalmen, in denen sich diese wichtigen Äußerungen menschlichen Lebens artikulieren: die Klagelieder des Einzelnen und des Volkes. Wortreich, ja fast mit Hingabe wird hier der erbarmenswerte Zustand des Beters beschrieben und seine Sehnsucht nach dem Gott, der endlich sein Leiden beendet:

Wie der Hirsch lechzt nach frischem Wasser, so schreit meine Seele, Gott, nach dir. Meine Seele dürstet nach dem lebendigen Gott. Meine Tränen sind meine Speise

Ich will nicht nur
von schillernden Sonnenaufgängen schwärmen
wenn es auch die Untergänge in meinem Leben gibt
die Zeiten
in denen das Leuchten erlischt
und sich die Himmel
fahl und dunkel und bedrohlich vor mir auftun.

Dann bade ich nackt
in einem kalten schwarzen Bergsee
voller Gefühle
die ich nicht einordnen kann
mich aufschrecken
und in die Einsamkeit treiben
zurückgeworfen auf mich selbst
stehe ich vor einem Abgrund.

auf der anderen Seite stehst du
und winkst zu mir herüber.

Anja Erz-Holschuh

Tag und Nacht. Deine Fluten rauschen daher und eine Tiefe ruft die andere, alle deine Wasserwogen und Wellen gehen über mich. Warum hast du mich vergessen? Warum muss ich so traurig gehen? Es ist wie Mord in meinen Gebeinen. *Aus Psalm 42*

Noch eindringlicher klingt Psalm 69:

Gott, hilf mir! Das Wasser geht mir bis zur Kehle. Ich versinke in tiefem Schlamm, wo kein Grund ist. Ich bin in tiefe Wasser geraten und die Flut will mich ersäufen. Ich habe mich müde geschrien, mein Hals ist heiser. Meine Augen sind trübe geworden, weil ich so lange harren muss auf meinen Gott. Ich weine bitterlich. Die Schmach bricht mir mein Herz und macht mich krank. Verbirg dein Angesicht nicht vor deinem Knecht, denn mir ist angst. Schnell, erhöre mich!

Sehr konkret wird in diesen Gebeten von der Not erzählt, ja sie wird fast ausgeschmückt und mit Bildern und Vergleichen aus der Natur intensiv und drastisch geschildert. Aber damit nicht genug: Gott selber scheint der Grund des Leidens zu sein, denn es sind ja seine Wasser und Wogen, die den Bittenden zu erdrücken drohen. In der Klage verbirgt sich also auch eine Anklage an Gott. Allerdings – und das wird erst deutlich, wenn man jeweils den ganzen Psalm liest, lässt der Beter Gott nicht los und hofft durch das Dunkel hindurch auf seine Güte.

Solch eine Klage ist weit entfernt von geschwätzigem Gejammer oder Selbstmitleid, das sich in unserer Kultur verbreitet hat. Die echte Klage hat auch einen echten Grund und gibt sich nicht mit einem Zustand voller Leid zufrieden, der geändert werden könnte. Sie erduldet das Leid, aber sie nimmt es nicht einfach hin. Eine Kultur des Klagens artikuliert Unrecht und Trauer und indem sie in Worte fasst, was uns bedrängt, verhindert sie, dass dieses Dunkel in unserer Seele Wohnung nimmt und sich in Bitterkeit und Verzweiflung verwandelt.

Wir sind zusammen, weil tief in uns ein Sehnen wohnt,
ein Sehnen nach Heilung, Liebe und Glück.
Ein Sehnen, liebevoll angesehen und zärtlich berührt zu
    werden,
von Gott – und von Menschen, die es gut mit uns meinen.
Nachts, wenn alle Katzen grau sind
und unsere Gedanken in Richtung der offenen Fragen ins
    Rutschen kommen,
dann spüren wir: unser Leben: untergegangen im
    unsichtbaren Alltag,
unberührt von Glaube, Hoffnung und Liebe.
Doch in solchen Nächten ist einer da, der kommt uns
    entgegen,
einer, der unser Sehnen stillt, der uns erkennt, der uns
    ansieht mit Blicken der Liebe,
einer, der uns Leib, Seele und Geist in der Stille berührt
    und behütet.
Es ist der Herr.

Andy Lang

Die Klage hat in alten Kulturen wie bei den Hebräern oder auch den Kelten ihr festes Zuhause im Kontext des Sterbens. Der Prozess der Trauer beim Verlust eines geliebten Menschen lässt uns gerade am Anfang das Geschehene nicht wahrhaben wollen und verschließt unsere Lippen und Herzen. Weil es aber gut und richtig ist, den Fortgang des Menschen zu beweinen, gab es in diesen Kulturen feste Rituale der Totenklage. Meist waren es Frauen, die stellvertretend für die wortlos Trauernden Klage um den Toten gehalten haben: *Caoineadh* nannte man diese Totenklage in Irland. In lang gezogenen, archaischen Melodien wurde um den Verlust getrauert und die Vorzüge des Verstorbenen besungen. Diese »Klage war ein hoher, lang gezogener Wehschrei voll unsäglicher Einsamkeit. Der Inhalt der *Caoineadh* war die Lebensgeschichte des Toten, so, wie die Klagefrauen ihn gekannt hatten. In die neu entstandene Abwesenheit floss nach und nach eine ritualisierte, aber nicht minder erschütternde Vergegenwärtigung des Dahingegangenen … Trotz ihrer herzzerreißenden Stimmung schuf die Klage etwas wie ein rituelles Gefäß, einen Raum, für die Trauer und den Schmerz der Hinterbliebenen. Sie erlaubte den Anwesenden, ihrem Gefühl der Verlassenheit und ihrem Kummer in sich freien Lauf zu geben«[23].

Uns erscheinen diese Rituale heute fremd und seltsam. Dennoch bin ich davon überzeugt, dass es heilsam und nötig ist, Trauer und Enttäuschung zu benennen und vor Gott zu bringen. Wir verhindern damit, dass sich die Gefühle der Frustration und Einsamkeit wie Dämonen in unserem Körper und seinen Gefühlswelten festsetzen. Wer schon einmal selbst erlebt hat, wie befreiend und reinigend ein tief aus dem Herzen hervorgebrochenes Weinen sein kann, wird den therapeutischen Aspekt der Klage nicht unterschätzen. Die Kraft der stellvertretenden Klage kennt auch Paulus, wenn er seiner Gemeinde in Rom rät: »Freut euch mit den Fröhlichen und weint mit den Weinenden« (Römer 12,15).

Es gibt wenig Oberflächlicheres als Gottesdienste, in denen

EIN GEBET
IN DER ERSCHÖPFUNG

Mein Gott, ich liebe dich nicht.
Ich will es nicht einmal.
Ich bin deiner überdrüssig.
Vielleicht glaube ich überhaupt nicht an dich.
Aber sieh auf mich im Vorübergehen.
Wenn du Lust hast, dass ich an dich glaube,
dann gib mir den Glauben.
Wenn du Wert darauf legst, dass ich dich liebe,
dann gib mir die Liebe.
Ich habe von alldem nichts,
und ich kann nichts dazu tun.
Ich gebe dir, was ich habe:
Meine Schwäche, meinen Schmerz
und diese Zärtlichkeit, die mich peinigt,
und die du wohl siehst …
Das Elend meines Zustands – das ist alles –
und meine Hoffnung.[24]

Marie Noël

von vorneherein die dunklen Seiten des Lebens – und damit die dunklen und geheimnisvollen Aspekte Gottes – ausgeblendet werden. Da wird gesungen und getanzt, die Arme in die Luft geworfen und die Größe Gottes in den immer gleichen Hoheitsprädikaten beschworen. Von Gottes Größe aber darf nur der singen und sagen, der auch das Leid und die Gebrochenheit seiner Kinder sieht. Deswegen soll im Gottesdienst Raum sein für die Klage und die Benennung des Leidens, auch wenn dieser Raum nicht immer mit Worten gefüllt werden muss. Das sogenannte Vorbereitungsgebet am Anfang der Liturgie hat diese Aufgabe. Auf Lateinisch trägt es den Namen »Confiteor«, das heißt: ich bekenne. Hier kann benannt werden, was uns von Gott trennt, was auf unserer Seele liegt und was uns womöglich davon abhalten kann, uns in diesem Gottesdienst ganz für seine heilvolle Gegenwart zu öffnen.

Wir sind als Glaubende nicht davor gefeit, verletzt zu werden, Wunden geschlagen zu bekommen und in die Abgründe gestoßen zu werden, die das Leben auch haben kann. Es wäre zu fromm zu behaupten, dass wir dort aber wenigstens gehalten sind. Natürlich sind wir das, aber es könnte durchaus sein, dass sich diese Gewissheit im »dunklen Tal« nicht bei uns einstellt wie beim Verfasser des 23. Psalms. Dann wird die Klage unser Gebet sein und ihre dunklen Worte werden mehr Licht für uns haben als die Stummheit.

Die große Mystikerin Marie Noël hat in ihrem Leben für Gott gebrannt. Als sie alt war, fühlte sie sich ausgelaugt. Das »Gebet in der Erschöpfung« stammt von ihr. Es ist erschütternd ehrlich. Und dies ist das einzige Prädikat, das auf unsere Gebete zutreffen muss. Sie brauchen nicht fromm zu sein, nicht glanzvoll, nicht heilig. Wenn sie ehrlich sind, ist es gut.

Das Bitten ist die Wiege des Reichtums

Immer wieder fordert uns Jesus dazu auf zu bitten: »Bittet, so wird euch gegeben, sucht, so werdet ihr finden, klopft an, so wird euch aufgetan« (Matthäus 7,7). Scheinbar fällt es uns schwer, um etwas zu bitten – sei es andere Menschen oder auch Gott. Es gibt Leute, die selber nicht gern geben und daher auch um nichts bitten wollen. Andere sind zu stolz, ihre Bedürftigkeit zu äußern. Legendär ist die Geschichte vom Hammer in Paul Watzlawicks »Anleitung zum Unglücklichsein«: Ein Mann bezieht eine neue Wohnung und nachdem er all seine Habseligkeiten dorthin gebracht hat, möchte er gerne seine Bilder aufhängen – allein: Es fehlt ihm der Hammer. Er ist schon auf halbem Weg zu seinem Nachbarn, ihn um einen Hammer zu bitten, als ihm siedend heiß einfällt, wie unhöflich es doch sei, gleich mit einer Bitte beim unbekannten Nachbarn vorstellig zu werden. Andrerseits – so denkt er sich – kann er doch nicht wochenlang warten, bis er dieser Bitte Ausdruck verleihen darf – und schließlich: Es ist ja keine große Sache, um solch eine Kleinigkeit wie einen Hammer zu bitten, zudem er das Werkzeug dem Nachbarn sofort nach Gebrauch zurückbringen würde. Diese beiden Stimmen brechen nun im Inneren unseres Mannes einen grandiosen Streit miteinander vom Zaun über die Angemessenheit oder Absurdität dieser Bitte, bis der Neuling schließlich wutentbrannt zur Nachbarstür rennt, dort Sturm klingelt und seinem verdutzten Mitbewohner ins Gesicht schreit: ›Ihren verdammten Hammer können Sie für sich behalten!‹

Auf humorvolle Weise drückt diese Geschichte aus, wie schwer es uns fällt, ein berechtigtes Anliegen vorzubringen.

Als Student habe ich einmal genau das Gegenteil erlebt. An meinem ersten Tag im neuen Studienort ging ich zu meinem ersten Seminar. Als ich die Tür zum Seminarraum öffnete, blieb ich wie angewurzelt stehen. Auf der Türschwelle stand – direkt vor meiner Nase – eine unglaubliche Erscheinung: Kristallklare grüne Augen, eingerahmt in ein Meer aus rotem, lockigem Feuer, lächelten mich kurz an und verschwanden dann. Noch benommen von dieser Begegnung suchte ich einen Platz und bedauerte schon den Weggang dieses Wesens, als sie fröhlich pfeifend zurückkam. Das Seminar begann. Unsere Blicke trafen sich. Die Hälfte der Seminarteilnehmer ging im Anschluss in einen Kopierladen, um dort das Hauptbuch unserer Forschung für alle zu vervielfältigen. »Zufällig« landeten wir beide zusammen an einem Gerät. Wir unterhielten uns ein paar Minuten, als sie mich plötzlich fragte: »Sag mal, du spielst doch bestimmt Gitarre.« Sie wartete kaum mein verdutztes Nicken ab, bevor sie mich bat: »Hast du Lust, mir Gitarrenunterricht zu geben?« Natürlich gab ich ihr Gitarrenunterricht. Sie las mir dafür aus ihrem Lieblingsbuch vor. Aber das hätte sie als »Bezahlung« für den Unterricht gar nicht gebraucht, denn ihre unvoreingenommene Frage und ihr offenes Wesen, das völlig mit sich und ihrer Bitte im Reinen war, hatten mich ganze Lektionen gelehrt. Kurz darauf ging ich auf meinem Weg in die Uni an einem Haus vorbei, in dem jemand genial auf dem Saxophon improvisierte. Auch ich besaß so ein Instrument, hatte aber noch nie Unterricht erhalten. Wie gebannt stand ich mehrere Minuten vor dem Fenster und lauschte. Plötzlich setzte ich mich wie in Trance in Bewegung und sah mir selber dabei zu, wie ich den Klingelknopf betätigte. Die Saxophonmusik erstarb jäh und kurz darauf öffnete ein netter junger Mann die Tür. Er hob eine Augenbraue. Ich war einfach nur ehrlich. Ich sagte ihm, dass ich seine Musik gehört hatte und begeistert war. Und, ob er mir Unterricht geben wollte. »Warum nicht«, meinte er lächelnd, und so lernte ich, Saxophon zu spielen. Zu verdanken hatte ich all dies jedoch meiner Gitarrenschülerin.

Es könnte so einfach sein. Und dennoch scheint es uns unmöglich. Scham, Neid, Minderwertigkeitsgefühle, Stolz, Ehre oder die gefährliche Ansicht, dass man sich in seinem Leben alles selber zu verdienen habe, sind grandiose Verhinderer der

Bitte. Schon unter Ehepartnern scheint es ziemlich schwierig zu sein, einander offen zu sagen, was einem guttun würde. Entweder wollen wir den anderen schonen, oder wir denken, dass er doch selbst darauf kommen könnte, und warten schmollend bis – nichts geschieht. Gott hat uns ein Herz gegeben voller Sehnsucht und eine Zunge, die diese ausdrücken kann. Es liegt an uns, dies dann auch zu tun. Wenn wir unsere Scham überwinden und es wagen, uns die Blöße der Bedürftigkeit zu geben, werden wir merken, dass wir reich beschenkt werden. Und das Wunderbare ist: Meist fühlen sich sowohl der Gebende als auch der Empfangende beschenkt. So wie es im Fall meiner Gitarrenschülerin war, kann es ganz oft sein, wenn wir wagen, aufrichtig zu sein und die Grenzen des Gegenübers zu akzeptieren. Nichts darf erzwungen sein. Aber alles, was aus freien Stücken gegeben wird, kann zum Segen für Geber und Empfänger werden.

Natürlich dürfen wir uns beim Bitten keinen Illusionen hingeben: Wir dürfen um alles bitten und alles erhoffen, aber ob wir es erhalten, liegt nicht in unserer Hand. Oft sehen wir ja auch in der Begrenztheit unserer Perspektive erst Jahre später, wozu es gut war, dass sich so manche Bitte nicht erfüllt hat. Doch manchmal – und das wird bitter sein – sehen wir es nie.

Die Mutter, die leidenschaftlich für ihr krankes Kind bittet und es dann doch verliert; die junge Frau, die jahrelang auf die Rückkehr ihres Mannes aus dem Krieg wartet – umsonst; der Mann, der in der Blüte seiner Jahre den Job verliert und nie mehr angemessene Arbeit findet.

Warum erhört Gott diese Gebete nicht? Diese Frage kann wie Salz in der Wunde unserer Verletzlichkeit brennen. Und es gibt keine befriedigende Antwort darauf.

Jesus hat das am eigenen Leib erfahren. Im Garten Gethsemane verwandelten sich seine Tränen in Blut. Er wollte nicht sterben. Und doch sah er den Weg zum Kreuz klar vor sich. Er bat seinen Vater, dass dieser Kelch an ihm vorübergehen möge. Doch schließlich übergab er sich mit allem dem dunklen Willen des Gottes, der doch ganz Licht ist: Nicht mein Wille geschehe, sondern dein Wille.

Wenn dies die Haltung ist, die hinter all unseren Bitten steht, gibt es nichts, das wir nicht erbitten dürften. Wir werden uns dabei einüben in die Gewissheit: »Um nichts können wir dich bitten, denn du kennst unsere Bedürfnisse, noch ehe sie in uns geboren sind. Du bist unser Bedürfnis; und indem du uns mehr von dir gibst, gibst du uns alles.«[25]

Ein geistloses Gebet

In jeder lebendigen religiösen Tradition gibt es auch eine kritische Haltung zum Beten. Wie jede menschliche Aktion können wir das Gebet zum Segen und auch zum Fluch gebrauchen.

Unerhört sind Jesu Worte aus der Bergpredigt:

>»Wenn ihr betet, sollt ihr nicht sein wie die Heuchler, die gern in den Synagogen und an den Straßenecken stehen und beten, damit sie von den Leuten gesehen werden. Wahrlich, ich sage euch: sie haben ihren Lohn schon gehabt.
>
>Wenn ihr betet, sollt ihr nicht viel plappern wie die Heiden, denn sie meinen, sie werden erhört, wenn sie viele Worte machen.« *Matthäus 6,5.7*

Jeder von uns hat sich schon über geistlose Gebete geärgert oder sogar selber so gebetet. Wie oft laufen wir in unseren Gottesdiensten Gefahr, hohle Worte, leere Formeln und abgedroschene Phrasen zu verwenden. Das sogenannte Kirchenlatein ist berüchtigt. Aber Gott will keine fromm klingenden Gebete.

Unvergessen bleibt mir das Sakristeigebet vor dem Gottesdienst anlässlich meiner Ordination. Wenn ein Priester geweiht oder ein Pfarrer ordiniert wird, ist das ein sehr feierlicher Augenblick, der durch eine Vielzahl von Würdenträgern in Amtskleidung oder im Ornat noch formeller wirkt. Auch bei meiner Ordination ging es feierlich zu. Neben meinen Kollegen und dem Bischof gab es jedoch auch eine Reihe von Musikern, die den Gottesdienst mit gestalteten. Einer von ihnen war ziemlich alternativ und, vorsichtig ausgedrückt, sehr unangepasst. Er hatte schon mal an verschiedenen Orten in der Kirche seine Räucherstäbchen entzündet und nachdem ich den missbilligenden Blick des Mesners richtig gedeutet hatte und ihn freundlich darauf ansprach, meinte er: »Ja, wenn man nicht einmal mehr in einer Kirche räuchern darf, wo denn dann?«

Beim Sakristeigebet vor dem Gottesdienst waren dann alle Beteiligten eingeladen, auch ein Gebet zu sprechen. Nach dem für den Anlass vorgesehenen agendarischen Gebet, das der Bischof gesprochen hatte, ein großer, würdevoller Mann, sagte plötzlich Euchar: »Gott, du bist hier. Ich höre dich im Rauschen der Heizkörper und im Dröhnen der Generatoren.«

Dieses Gebet war sehr unangemessen, aber es war herrlich wahr. Viele mussten schmunzeln und letztlich nahm es dann der anschließenden Feier den bitteren Ernst und ließ uns einen fröhlichen und zugleich feierlichen Gottesdienst erleben.

Wenn wir mit Worten beten, müssen wir achtsam sein. Vielleicht sagen wir lieber zu wenig, als zu viel. John O'Donohue geht weiter: »Den meisten spirituellen oder frommen Äußerungen ist schwer zu vertrauen; sie scheinen sich unweigerlich auf einen toten oder domestizierten Gott zu beziehen. Die göttliche Gegenwart schlüpft durch die Maschen unserer Begriffe und Urteile. Und nahtloses spirituelles Gerede lässt keinen Sauerstoff übrig, den ein lebendiger Gott zum Atmen braucht oder eine gefährdete Seele, um sich zu erquicken.«[26]

Bevor wir öffentlich beten, sollten wir um Wahrhaftigkeit und Prägnanz bitten. In vorformulierten Gebeten kann zwar mehr Achtsamkeit auf den Rhythmus der Sprache, den Wohlklang der Worte und die Struktur des Gebetes gelegt werden;

und wir sehen dies ja auch in den vielen überlieferten irischen Gebeten, die oft voller Schlichtheit und zugleich Schönheit sind. Dennoch bin ich in meinen Gottesdiensten dazu übergegangen, das Fürbittengebet frei und spontan zu gestalten. Das ist oft anstrengender, weil man ganz offen sein muss für die Schwingungen und die Energie, die sich während des Gottesdienstes entwickelt hat. Aber es erscheint mir passender. Am schönsten jedoch ist es, wenn die Gebetsanliegen direkt aus der Gemeinde kommen, denn dann ist das Gebet ehrlich gemeint.

Das Gebet der Stille

Wenn uns die Worte versagen und wir nicht mehr wissen, was wir beten sollen, brauchen wir nicht zu verzweifeln. Dieses Phänomen ist so alt wie das Gebet selbst. Paulus rät in seinem Römerbrief:

> Der Geist hilft unserer Schwachheit auf. Denn wir wissen nicht, was wir beten sollen und wie es angemessen ist. Aber der Geist selbst vertritt uns mit unaussprechlichem Seufzen.
> *Römer 8,26*

Wenn uns die Worte im Hals stecken bleiben und nichts über unsere Lippen kommen mag, ist es gut, sich in der Stille zu bergen. Und zu wissen, dass auch die Stille von Gott erfüllt ist. Dann vertrauen wir darauf, dass Gottes Gebet uns trägt, wenn unser Gebet versagt. »Das göttliche Gebet trägt alles Leben. Niemals verstummt es, an jedem Ort und in jedem Augenblick ist seine Umarmung da.«

Hunderttausende von jungen Menschen haben in den letzten Jahrzehnten das stille Gebet in der Gemeinschaft von Taizé in Burgund kennen- und schätzen gelernt. Als ich das erste Mal als junger Mann einem Gottesdienst dort beiwohnte, war ich erschüttert von der Schlichtheit und Schönheit dieser Feier: Einigen meditativen Gesängen und einem kurzen Gebet um Offenheit folgte eine biblische Lesung in verschiedenen Sprachen. Schon die Art, wie die biblischen Texte von unterschiedlichen Leuten in ihrer Muttersprache vorgelesen wurden, zeugte von einer gesammelten Gegenwart. Dann folgte eine zehn Minuten lange Stille. Wer noch nie zehn Minuten lang bewusst geschwiegen hat, dem mag das endlos vorkommen. Aber hier wurden Anfänger und Fortgeschrittene, Junge und Alte, Fromme und Zweifler behutsam in diese Stille geführt und dort geborgen durch das unablässige Gebet, das seit Jahrzehnten diese Kirche erfüllt. Und obwohl mehrere Tausend Menschen anwesend waren und unter ihnen auch Kleinkinder und Säuglinge, hätte man eine Stecknadel fallen hören können. Diese Stille und Gottes Gegenwart in ihr hat beredter zu mir gesprochen als viele Predigten, die ich bis dahin gehört hatte.

Ich möchte das Schweigen vor Gott nicht ausspielen gegen die Notwendigkeit, dass wir auch mit Worten von und zu Gott reden sollen. Aber jeder aufrichtige Gottessucher wird zugeben, dass unsere Worte, und seien sie noch so gelehrt und prägnant oder so poetisch und kunstvoll, nur ein Stammeln sein können angesichts der Unbegreiflichkeit Gottes. Unser Dilemma besteht darin, dass wir von Gott reden sollen und zugleich wissen, dass wir es nicht können. Unsere Sprache will Gottes verborgene, absolute Gegenwart beleuchten, und sie ist doch nur eine kleine Kerze, die im Wind flackert. Erfahrene Beter wissen, dass beides gilt: Wir sollen immer wieder Worte finden für das Unaussprechliche und wir sollen schweigen und in der Stille unser Herz weiten.

Während eines Segnungsgottesdienstes hatte ich einmal eine erstaunliche Erfahrung mit der Stille. Im Zentrum der Feier stand eine offene Zeit, in der die Menschen an verschiedenen Orten unterschiedliche Formen des Segens erfahren konnten. Neben Gebeten für besondere Anliegen und einem anschließenden Segen oder einem rituellen Segen mit Salböl gab es auch einen Segen der Stille.

Vor dem Gebäude brannte ein Feuer und daneben stand Petra, eine kraftvolle, junge Frau. Vor ihr hatte sich schon eine lange Schlange von Leuten gebildet. Trotzdem blieb sie ganz ruhig und fragte jeden nach seinem persönlichen Anliegen, das er in einem Satz zusammenfassen sollte. Dann drehte sie eine Handfläche nach oben, um zu empfangen und legte die andere Hand dem Menschen vor ihr auf den Kopf. So standen beide einige gefüllte Momente des Schweigens miteinander in gesammelter Stille. Schließlich senkte Petra beide Arme und die beiden verneigten sich leicht voreinander.

Viele, die diesen Segen bekommen hatten, erzählten mir später, dass sie genau das empfangen hatten, was sie in ihrer Situation gebraucht hatten. Dabei hatte Petra selbst gar nichts gemacht. Der Segen war nicht aus ihr, sondern durch sie hindurch geflossen.

Besonders schön fand ich den kleinen Abschiedsritus dieses Rituals: Indem sich beide zueinander neigten, wurde angedeutet, dass es hier kein Oben und Unten, keine Hierarchie und kein Besser oder Schlechter zwischen Geben und Nehmen gab. Petra wurde gedankt, weil sie sich geöffnet und dazu bereit erklärt hatte, ein Kanal für den Segen zu sein. Und denen, die den Segen empfangen hatten, wurde gedankt, dass sie sich ihrer Bedürftigkeit nicht geschämt hatten und sich ebenfalls öffneten für das Gute, das zu jeder Zeit zu uns fließen will.

Die Hauptübung der mystischen Theologie besteht darin,
im Grunde des Herzens mit Gott zu reden und Gott reden
   zu hören.
Und weil diese vertrauliche Unterredung durch sehr
   heimliche Regungen
und Eingebungen vor sich geht,
nennen wir sie das Zwiegespräch des Schweigens:
das Auge spricht zum Auge, das Herz zum Herzen,
und niemand versteht, was gesprochen wird,
außer die heiligen Liebenden, die miteinander reden.

Franz von Sales

Das stille Verstehen
der Blick in deine Augen
die viel mehr
von deiner Sehnsucht verraten
als dein Mund
es je könnte

Lass uns miteinander
schweigen
und in der Stille spüren
wie wir den Rhythmus des Lebens
wiedergeben
das Echo Gottes in uns
dann vielleicht
ja dann
wird
innen außen
und
außen innen.

Anja Erz-Holschuh

Das Gebet der Erde

In einer noch anderen Weise vollzieht sich das stille Gebet. Es ist die Erde selbst, die ohne Worte und ohne Unterlass ihrem Schöpfer dankt und ihn lobt. Wenn wir lernen, den unhörbaren Klang ihres Liedes zu vernehmen und auf den dunklen Gesang in ihr zu lauschen, werden wir staunen über die Wahrheit dieses Gebets.

Eine Freundin von mir hat einen guten Freund. Es ist eine mächtige Kiefer, die sich unweit ihres Hauses am Waldesrand erhebt. Wenn sie traurig ist oder fröhlich, wenn sie sich einsam fühlt oder ihr das Herz überläuft, geht sie zu ihrem Baum. Sie umarmt ihn und teilt für einige Augenblicke seine schweigende Präsenz. Dann setzt sie sich »zu seinen Füßen« und erzählt ihm von sich. Reden und Schweigen wohnen in dieser Begegnung beieinander. Sie ist immer gestärkt und getröstet, wenn sie ihren Baum verlässt.

Natürlich könnte man das als Naturspinnerei abtun. Aber entscheidend ist doch nicht der Streit darüber, ob dieser Baum wirklich ein Freund ist, sondern dass meine Freundin dort Ermutigung und Trost erfährt. Und dass sie nicht den Baum selbst anbetet, sondern ihn als Bruder (Schwester) und Mitgeschöpf Gottes sieht.

Nur ein, zwei Kilometer von dieser Kiefer entfernt liegt mitten im Wald der Jesusbrunnen. Im Mittelalter soll sich dort einmal ein Wunder zugetragen haben: Eine junge Mutter sammelte im Wald Beeren und hatte ihren schlafenden Säugling wegen der erfrischenden Kühle des Brunnens dort abgelegt. Einige Steinwürfe entfernt von ihrem Kind hört sie plötzlich seinen Schrei und sieht, wie ein Bär das Bündel ins Maul genommen hat und sich davontrollen will. Da schreit die Mutter in ihrer Verzweiflung: »O Jesus, hilf«, der Bär erschrickt, lässt das Bündel auf den weichen Waldboden fallen und macht sich durchs Unterholz davon. Das Kind war gerettet und seitdem heißt jene Quelle Jesusbrunnen.

Es gelingt mir immer wieder, mich aus meinem Alltag loszureißen und zu dieser Quelle zu gehen. Ich sitze schweigend dort und genieße wie das Baby vor Jahrhunderten die angenehme Kühle. Ich lausche dem Gurgeln und Sprudeln und mein Kopf wird leer. Obwohl ich ganz entspannt bin, spüre ich eine umfassende Wachheit. Und manchmal höre ich das Lied dieser Quelle, die unablässig und fröhlich in filigranen Tönen unseren Schöpfer lobt. Manchmal schon durfte ich in ihr Lied einstimmen, wenn mir auf dem Rückweg eine Melodie zuflog und ein neues Lied entstand.

Ich kann mich noch gut erinnern, wie ich als Jugendlicher eines Sommerabends lange bei meinem Freund blieb. Es wurde dunkel und wir staunten über die hereinbrechende Nacht. Wir kletterten auf das Dach einer nahe gelegenen Hütte und legten uns mit dem Rücken auf die Schindeln. Und dann betrachteten wir den glitzernden Himmel voller Sterne und den schweigenden Mond. Die Magie dieser Nacht wob ein feines Netz des Staunens um uns und wir lagen lange Stunden, ohne ein Wort zu sagen. Es war viel später, als mir auffiel, dass Gott selbst wohl bei uns gelegen hatte. Im ersten Schöpfungslied heißt es, nachdem Gott die Sonne, Sterne und Mond an den Himmel gesetzt hat: *Und Gott sah, dass es gut war.*

Eben das ist der Segen, den das Gebet der Erde in uns wirken kann. Wenn wir lernen, die wortlose Sprache der Erde zu hören und ihr Gebet wahrzunehmen, werden wir uns geborgen fühlen und im Kreis unserer Zugehörigkeit ankommen. Natürlich kann eine Betrachtung des unendlichen weiten Himmels auch genau das Gegenteil in uns auslösen. Wir könnten fragen, wer denn der Mensch eigentlich ist, in seiner Winzigkeit und seiner geringen Bedeutung, dass er sich einrede, irgendwo da draußen in den Milliarden von Galaxien sei ein Gott, der sich ausgerechnet seiner annähme.

Wie wir diese Frage entscheiden, liegt an der Art, wie wir der Welt um uns herum begegnen. Werden wir sie hochmütig als bloße Materie betrachten, die es auszubeuten und zu be-

nutzen gilt, kann es sein, dass dieser Hochmut auf uns zurück-
fällt und wir verzweifeln angesichts unserer Vergänglichkeit
und Kleinheit.

Wenn wir uns aber einüben in Demut, werden wir das Staunen lernen und das Gebet der Erde verstehen. Wir haben schon
gehört, dass Demut keine kriecherische Unterwürfigkeit ist,
sondern *humilitas* so viel bedeutet wie »Zugehörigkeit zur
Erde«. Wir sind gerufen, unsere Zugehörigkeit zur Erde zu be-
jahen und für ihre Weisheit offen und empfänglich zu werden.

»Die Demut, die das Gebet schenkt, lehrt unseren Geist die
Kunst innerer Gastfreundschaft. Wir lernen allmählich, unser
defensives Verhalten aufzugeben. Wir treten tiefer in die Weisheit unserer Erdgebundenheit, unserer Humusnatur ein. Wir
lernen, unsere Gehemmtheit und Furcht zu verlieren … Wir
haben es dann nicht mehr nötig, uns negativ, anhand unserer
Vermeidungen zu definieren. Die Demut bringt eine neue
Kreativität mit sich. Wir beginnen, in Situationen und Erfahrungen, die wir bis dahin verschlossen glaubten, Möglichkeiten zu erkennen.«[28]

Das Gebet als Gefahr

Wenn wir beginnen, wahrhaft zu beten und uns in unserem
ganzen Sein Gott auszusetzen, birgt dies viele Gefahren für uns
und unsere Umgebung. Wir werden beginnen, uns zu verändern. Wir werden nicht mehr zufrieden sein mit dem Däm-
merzustand, in den sich unsere Seele zurückgezogen hat. Wir
werden aufhören, uns berieseln zu lassen. Wir werden bewusst
entscheiden, was wir wählen. Wir werden keine anständigen
Konsumenten mehr sein, die ihre Glücksgefühle im Konsum
von Dingen, Erlebnissen und Ereignissen suchen. Wir werden
zu einer Gefahr für die Binnenwirtschaft! Wir werden uns nicht
mehr so viel mit uns selber beschäftigen, sondern uns hinwen-
den zu den anderen. Oft sind sie allzu nah. Wir werden mehr

Kraft haben zu heilen, zu trösten, zu lieben. Wir werden unsere ureigenste Bestimmung finden und nicht mehr dem Bild entsprechen, das sich unser Chef, unser Staat, ja vielleicht sogar unser Ehepartner von uns gemacht hat. Diesen Veränderungen können schmerzhafte Prozesse der Neugestaltung folgen.

Wir sollten dabei aber die Liebe nicht aus dem Blick verlieren. Uns einüben in Geduld. Wenn man einmal eine Wahrheit für sich erkannt hat, staunt man darüber, wie lange man ohne diese Wahrheit leben konnte. Und warum alle anderen scheinbar blind sind.

Wahres Gebet macht wach, aber es führt nicht in den Fanatismus. Die Menschen, die unser Leben teilen, sind uns immer noch anvertraut. Wir tragen Verantwortung für sie und es ist ihre eigene Freiheit, ob sie uns auf dem Weg des Gebetes folgen wollen oder nicht.

Jesus sagt: In jedem Leidenden entdeckt ihr mich selbst.

Die Zuwendung zu ihnen wird unser Gebet sein.

Wir werden beten ohne die Gesten und Worte des Gebets.

Unser Handeln wird ein Gebet sein.

Das ganze Leben ist ein Gebet

»Das ganze Leben ist ein Gebet, bis tief in die Schichten unseres Fühlens, in die Bilder unserer Seele hinein. Die Art, wie ich mit meinen Augen sehe, mit meinen Ohren höre, das Vertrauen, das ich spüre, und meine Angst; die Lebenseinstellung, zu der sich meine Erfahrungen zusammenfügen; die Ahnung, dass das Leben anders, ganz anders ist oder sein könnte – all das sind meine Gebete, längst bevor ich bete, und bleiben meine Gebete noch lange, wenn ich meine, ich bete nicht mehr.«[29]

Versuchen wir, das Gebet als eine Bewegung zu verstehen: Ich strecke mich aus nach Gott und er steigt herab und kommt zu mir. Das muss nicht immer bewusst geschehen, ja es muss sogar auch unbewusst stattfinden. Das Gebet, das Offensein für Gott, wird zu einer Haltung, die mein ganzes Leben durchdringt:

Sie lässt mich die Schönheit klarer sehen.
Sie lässt mich wacher sein gegenüber der Ungerechtigkeit.
Sie lässt mich ausgelassener sein in meiner Freude und geborgener in meiner Not.
Sie lässt mich zu Hause sein in meinem Körper, der nichts weniger ist als ein Tempel des Heiligen Geistes.
Sie heißt mich willkommen in dieser Welt, meiner Welt, der einzigen, ungetrennten.
Sie macht mich dankbarer für das Gute, das mir begegnet, und geduldiger in meinem Leiden.
Sie lässt mich engagierter werden für meine Mitmenschen und leidenschaftlicher eintreten für das Leben.
Sie macht mich zu einem zufriedenen, glücklichen Kind Gottes.

Die keltische Spiritualität und ihre Kraft, den Schöpfer in allen Dingen zu entdecken, stellt uns heute die kritische Frage, »ob wir in unserer Beziehung zur Schöpfung und zur Natur nicht in der Vergangenheit gänzlich verkehrt gelaufen sind und ob das nicht so tief in all unseren Lebensformen sitzt, dass nur ein neues Gebet, das zu unserem ganzen Leben wird, uns und die Erde wird retten können«[30].

Wenn es stimmt: Unser ganzes Leben ist ein Gebet!, dann werden wir unsere Feste glanzvoller feiern und unseren Alltag fröhlicher erleben. Wir werden die Trauernden wahrhaft trösten und unsere Lieder wahrhaftiger singen. Unser Tanz wird für Staunen sorgen bei den Engeln und unsere Stille Bewunderung finden bei den Steinen. Wir werden fröhlich in Hoffnung, geduldig in Sorgen, beharrlich im Gebet (vgl. Römer 12,12).

5. Offen sein und weit werden – Der Freiheit Raum geben

Freiheit ist das Gegenteil von Fülle. Es ist vielmehr ein Leer-werden, ein Sich-Entäußern, ein bewusstes Schrumpfen. Es ist das Wesen der Liebe, nicht für sich zu fordern, sondern sich zu ver-schenken. Der Liebende ist frei wie der Geliebte. Er fürchtet nicht den Abstieg zum anderen hin. Seine Freiheit besteht darin, groß zu sein und dennoch die Kleinheit zu wählen.

Freiheit ist gefährlich. Und wer liebt, wird verletzt werden. Aber durch die Liebe wird er auch geheilt.

Freiheit begegnet uns als Geschenk. Sie ereignet sich. Wir kön-nen sie nicht machen, produzieren oder herbeizwingen. Aber sie stellt sich für den ein, der sich selbst verschenkt. Ihre Frucht heißt: Offen sein und weit werden.

Die Sehnsucht nach Freiheit

Es gibt wohl kaum ein Wort, das sowohl in unserem individuel-len Leben als auch in der großen Politik mit mehr Leidenschaft und Glut wie ein Schwert geschwungen wird als »Freiheit«. Wir wollen frei sein. Und wenn wir politisch nicht unterdrückt sind und uns als freie Bürger eines freien Landes bewegen können, gibt es dennoch genug innere, meist selbst errichtete Gefäng-nisse, die uns den Weg in die Freiheit versperren.

Doch bevor wir den Weg nach innen gehen, möchte ich ein wenig in den Makrokosmos blicken: Die Vereinigten Staaten von Amerika sind ein augenfälliges Bild der Sehnsucht nach Freiheit und zugleich ein Beispiel ihres immer neuen Schei-terns. Gespeist aus den Verfolgten und Unterdrückten eines zu eng gewordenen und bigotten Europas, ist der Begriff der Freiheit das Integral der amerikanischen Geschichte. Freiheit und Unabhängigkeit von bevormundenden Mutterländern; Freiheit von Verfolgung, weil man und frau die falsche Religion am falschen Ort hatte; Aufbruch in eine Welt, die schier unbegrenzte wirtschaftliche Möglichkeiten für fleißige und starke junge Menschen hatte, die zu Hause nur in die zu eng gewordenen Maschen eines rigiden Standesdenkens gezwängt worden waren. Und überall symbolträchtige Manifestationen der Freiheit: Die *Statue of Liberty*, weithin sichtbar für das Heer der irischen, polnischen und deutschen Emigranten, die all ihre Hoffnung in die Weite des neuen Kontinents gelegt hatten. *Liberty* als Aufdruck auf den Ein-Dollar-Münzen – wer nur genug davon sammeln konnte, durfte sich die Freiheit kaufen. So besingt es das irische Lied »*Freedom's like gold*«: »*Freedom, o Freedom, while man are bought and sold; you're free if you've plenty of money, boys, 'cause freedom is like gold.*« (Freiheit, ja Freiheit, während Menschen gekauft und verkauft werden. Frei bist du, wenn du die Taschen voller Geld hast, denn die Freiheit ist wie Gold.) Freiheit als verbrieftes Recht des Einzelnen, geschützt durch die Verfassung. Die Sehnsucht ist groß.

Und zugleich der Missbrauch des Wortes. Einen kriegerischen Überfall auf ein anderes Land, erkauft mit Lügen und Angstgebäuden, als Unternehmen »*Enduring Freedom*« zu vermarkten, ist nicht nur dreist, sondern zynisch. Der amerikanische Schriftsteller Jonathan Franzen sagt in einem Interview mit dem *Spiegel*: »Freiheit ist der am häufigsten missbrauchte Begriff der Bush-Jahre. Er ist vergiftet, ist ein Krüppel. … Kein Wort in der amerikanischen Geschichte hat eine stolzere Tradition. Heutzutage verstehen viele unter Freiheit nur noch, zwischen *Pepsi* und *Coca-Cola* wählen zu dürfen.«[31]

Freiheit ist ein anfälliges Wort. Es unterliegt verschiedenen Wertungen und Perspektiven, und wenn ich von Freiheit spreche, meine ich vielleicht nicht das Gleiche wie mein Gegenüber.

Vielleicht verstehen wir Freiheit besser als einen Begriff der Entwicklung anstelle einer Beschreibung eines Zustandes. Wir sind zur Freiheit gerufen. Und das wird heißen, dass wir in sie hineinwachsen sollen.

Bevor wir wachsen, ist es gut, darüber nachzudenken, wie wir uns selbst oft davon abhalten.

Geheime Stimmen, die klein machen

Wir sehnen uns nach Freiheit, aber in Wahrheit haben wir Angst vor ihr. Wenn wir frei würden, müssten wir die Potenziale leben, die in uns gelegt sind. Wir hätten keine Ausrede mehr, hinter den Möglichkeiten zurückzubleiben, die in uns liegen. Wenn wir ganz ehrlich zu uns selbst sind, gestehen wir uns ein, dass die Freiheit, nach der wir streben, uns als etwas Ungeheuerliches erscheint.

Oft sind es kleine, kaum bewusste Sätze, zu uns gesprochen als wir klein waren, die uns davon abhalten, wir selbst zu sein. Einer meiner Freunde ist ein hervorragender Musiker. In ihm verbindet sich ein intuitives Gefühl für musikalische Stimmigkeit mit einem fast absoluten Gehör. Und obwohl er es auf allen erdenklichen Instrumenten zur Meisterschaft gebracht hat, habe ich ihn noch nie singen gehört. Als ich ihn einmal darauf ansprach, erzählte er mir die Geschichte dazu: Er war wohl sieben oder acht Jahre alt, als er mit seiner ganzen Familie im Auto unterwegs war – die Eltern saßen vorne, die drei Jungs hinten. Mein Freund sang laut und fröhlich ein Kinderlied. Da drehte sich sein Vater – ein strenger und frommer Pfarrer – plötzlich um und fuhr ihn entnervt an: »Hör auf damit, du trötest ja wie eine Gießkanne!« Der wenig liebevolle Satz eines angespannten Vaters hinterließ tiefe Spuren in der empfindsamen Kinderseele. Nie mehr hat mein Freund seither gesungen.

Es ist eine traurige Geschichte. Und dennoch ist mein Freund nicht nur ein Opfer. Er hatte sich auch dazu entschieden, diesem Satz ein großes Gewicht in seinem Leben zu geben. Wenn er es wirklich wollte, könnte er diese Wunde heilen lassen.

In einem Seminar habe ich eine ergreifende Übung kennengelernt, die solch eine Verletzung bewusst machen kann und zur Heilung beiträgt. Die Teilnehmer bewegen sich zu einer Musik frei im Raum. Bevor die Übung beginnt, erklärt sich einer der Teilnehmer bereit, ein Wort der Kränkung oder Verletzung mit den anderen zu teilen. Wenn die Musik plötzlich stoppt, steht dieser Eine in einer Ecke, während alle anderen auf ihn zeigen und ihm dieses kränkende Wort entgegenschleudern. Die Spannung dieser Anklage wird einen Moment lang ausgehalten. Und dann löst sich die Geste der Anklage auf in eine Geste der Unterstützung und des freundlichen Wahrnehmens.

Der Sinn dieser Übung besteht darin, das Wort der Kränkung als eine Projektion zu erkennen, die mit mir selber vielleicht gar nichts zu tun hat. Die Kränkung hat ihren Ursprung in der verletzten Eitelkeit oder Unzulänglichkeit eines Menschen, der Einfluss auf uns hat. Zuallererst sind dies unsere Eltern, aber auch unsere Geschwister, unsere Lehrer oder unsere Partner. Aber die Wurzel der Kränkung, das, was uns wirklich krank machen kann, wächst in uns, wenn wir dazu die Erlaubnis geben. Die freundliche Geste der anderen soll uns daran erinnern, dass wir starke Helfer haben, die uns beistehen können, unsere Freiheit zu verwirklichen. Wir sind verantwortlich für uns selbst und doch müssen wir nicht alles selbst leisten.

Ich habe große, starke Männer nach dieser Übung weinen sehen. Und sie wurden schöner und freier dadurch. Heilung geschieht durch den Schmerz hindurch. Unsere Schmerzvermeidungsstrategien jedoch lassen uns in einer Schonhaltung verharren, die uns davon abhält, uns zu unserer vollen Größe aufzurichten. Ich habe auch Leute erlebt, die überrascht davon waren, wie wenig sie getroffen sind. Gemeinsam haben wir uns gefreut über die Freiheit zum eigenen Leben, die sie bereits für sich verwirklicht hatten.

Falsche Schuld

Neben solchen sehr persönlichen Glaubenssätzen, die uns vom Leben abhalten, gibt es aber auch globale Dogmen, die kulturell überliefert ganze Generationen geprägt und eingeschüchtert haben. Die Vorstellung, wir Menschen würden in Sünde gezeugt und kämen bereits als sündige Wesen auf diese Welt, ist eine der schwersten Bürden für ein befreites Leben. Wie absurd und lebensfeindlich ist es, die heilige Weitergabe des Lebens als einen Akt der Sünde zu bezeichnen! Jeder von uns, der ein neugeborenes Kind im Arm hält, weiß, dass dies ein reines Wesen ist und aus einer Welt kommt, zu der wir den Zugang verloren haben. Aus Neid und Ignoranz haben Männer die gefährliche Idee von der Erbsünde verbreitet. Sie haben sich geweigert, ihre eigenen Kinder im Arm zu halten und zu wiegen, denn wenn sie dies getan hätten, dann wäre ihnen schnell die Ungeheuerlichkeit ihrer Überzeugung deutlich geworden. Ich glaube nicht, dass viele Frauen dieses Dogma wirklich geglaubt haben. Aber zu wenige haben widersprochen und auf das intuitive Bewusstsein der Wahrheit vertraut, das ihnen durch ihre Erfahrung des Gebärens und Mutterseins zuteilwurde.

Es ist erstaunlich, wie kluge und gelehrte Männer dieses Märchen von Generation zu Generation weitergegeben haben. Vor etlichen Jahren besuchte ich mit einem Freund und seiner kleinen Tochter einen Gottesdienst in einem altehrwürdigen Münster. Wir mussten den Kopf weit in den Nacken legen, um zu dem alten Mann auf der Kanzel emporzublicken. Mit gewaltiger Stimme und ausgefeilter Rhetorik erging sich der Pfarrer über die schrecklichen Folgen der Erbsünde. Immer wieder wiederholte er dieses Wort, fast wie ein Mantra. Eine Atmosphäre der Einschüchterung und Kleinheit legte sich über die Gemeinde. Zurück im Haus meines Freundes erzählten wir noch ganz benommen seiner Frau von dem wenig erbaulichen Gottesdienst und der dramatischen Inszenierung der Erbsünde, als die kleine Sophie plötzlich fragte: »Du Papa, was ist das denn eigentlich, die Erbse?« Wir mussten laut lachen. Und mit unserem Lachen war auch die Düsternis dieses Morgens plötzlich gewichen und die fromme Beschwörung der Erbsünde auf ihre wahre, lächerliche Größe reduziert. Mit ihrem »Verhörer« und ihrer unschuldigen kindlichen Neugier war es Sophie gelungen, einen Dämon zu vertreiben.

Wenn wir eingestehen, dass wir sündige Menschen sind, ist dies eigentlich ein Wort der Freiheit. Es befreit uns von unseren eigenen Perfektionsansprüchen. Es sagt uns ganz schlicht, dass wir endliche Wesen sind, dass wir Wunden haben und dass wir andere Menschen verletzen können. Leider ist der Begriff »Sünde« von einem solch schweren moralischen Ballast befallen, dass uns das Befreiungspotenzial hinter diesem Wort nicht auf den ersten Blick zugänglich ist. Und vieles, was in der theologischen Tradition als Sünde betrachtet wurde, ist in Wahrheit ein Segen. Unser Körper und seine Bedürfnisse wurden als sündig diffamiert. Unsere triebhaften Energien und unsere Sexualität waren ein Pfuhl der Sünde. Alles, was nicht domestiziert und gebändigt werden konnte, war Sünde. Besonders in einigen Teilen des Protestantismus kam es zu einer perfiden Ausweitung der Sünde: Auch Müßiggang war nun sündhaft, und wer nicht fraglos der Obrigkeit gehorchte, verstieß gegen Gottes heiligen Willen.

Ich erinnere mich an eine Jugendfreizeit auf einer Hallig, jenen kleinen Inseln in der Nordsee, die regelmäßig vom Meer überflutet werden. 50 junge Männer und Frauen hatten sich auf der größten Warft, einer künstlichen Insel auf der Insel, zu Bibelarbeiten, Sport, Musik und Spielen versammelt. Trotz vieler schöner Stunden bleibt mir diese Freizeit in düsterer Erinnerung. Einige ältere Jungs hatten ohne Erlaubnis eines Nachmittags in ihrer freien Zeit die Nachbarwarft aufgesucht, um in der dortigen Teestube einzukehren. Die Tatsache, dass es dort neben Tee und Kaffee auch alkoholische Getränke wie den berüchtigten Pharisäer gab, war Anlass genug für den strengen Jugendleiter, die »Sünder« zur Rede zu stellen. Ich selbst war nicht dabei gewesen, aber zwei meiner Freunde. Sie mussten eine Strafpredigt über sich ergehen lassen: »Gott war nicht bei euch! Der Widersacher hat euch vom rechten Weg abgebracht! Bereut diese Sünde und beugt euch unter den Willen Gottes!« Dass der Wille Gottes nicht identisch mit dem des Jugendleiters war, ging mir damals noch nicht auf. Vielmehr war ich froh, dass ich nicht mit meinen unglücklichen Freunden vom Pfad der Tugend abgebracht worden war. Schon bald nach dieser Freizeit wandte sich einer meiner Freunde, der einen freien und wilden Geist besaß, von diesem »christlichen Getue« ab. Für mich war er verloren und ich betete für seine Seele. Heute schäme ich mich dafür. Mein Freund hatte ein besseres Gespür als ich damals für echte und angemaßte Autorität. Und er spürte, dass er solch einen kleinlichen und klein machenden Glauben nicht brauchte.

Es ist die Aufgabe von Jugendlichen, ihren eigenen Weg zu suchen. Dabei kann man auch schon einmal ungehorsam sein oder über die Stränge schlagen. In einem gesunden Maß hat dies nichts mit Sünde zu tun, sondern mit dem Gegenteil: sich selbst zu entdecken und dadurch seine eigene Freiheit auszuloten.

Wir sind nicht dazu geschaffen worden, zwischen Schuldbewusstsein und Angst eingesperrt zu sein. Es hat nichts mit Sünde zu tun, der Weisheit unseres Körpers zu folgen. Unser Leben birgt die Gefahr, Fehler zu machen. »Sündige tapfer!«, ermutigte Martin Luther all jene verängstigten Geister, zu denen er vor seiner reformatorischen Entdeckung und seinem Durchbruch zur Freiheit auch gehörte. Eine der großen Tugenden der keltischen Heiligen war ihre Wildheit. Sie waren nicht angepasst und normiert. Vielleicht erwuchs ihnen gerade daraus ihre Überzeugungskraft und Autorität, mit der sie allein durch die Macht des Wortes die ebenso wilden Pikten, Sachsen, Jüten, Angeln und Germanen bekehrten.

Wenn wir heute überzeugend und vor allem ansteckend Kirche sein wollen in einer verunsicherten und zugleich coolen

Gesellschaft, sollten wir weniger brav sein. Anstelle Meinungen von uns zu geben, die sowieso jeder von frommen Typen erwartet, sollten wir uns trauen, einmal gegen den Trend zu denken, selbstkritisch zu sein und das zu sagen, was wir wirklich denken – auch wenn es erst einmal unangepasst erscheint. Und wir sollten uns eingestehen, dass wir – und vor uns alle Frommen und Heiligen – Fehler machen und uns täuschen können. Gerade Leute, die oft und gern von Sünde reden, sind bisweilen fast davon besessen, möglichst perfekt und sündlos durchs Leben zu gehen. Aber wir sollten es uns gönnen, falsche Wege einzuschlagen. Vielleicht erweisen sie sich gerade dann als nützliche Umwege. Keine Fehler macht nur derjenige, der überhaupt nichts tut. Es ist eine Kunst, seine eigenen Fehler zu integrieren. Wenn wir den Mut dazu aufbringen, erwächst uns daraus Heilung und eine besondere Form der Kreativität. Wie bei einem modernen Künstler, der aus Abfall und Schrott ein neues Wesen erschafft, ein Kunstwerk mit eigener Ästhetik, kann sich unsere Schuld in Segen verwandeln und wir werden unsere Wunden blühen sehen. Wer unangefochten und ohne Schrammen durchs Leben geht, lebt entweder langweilig und angepasst oder er ist so abgestumpft, dass er seine eigenen Verletzungen gar nicht mehr bemerkt. Wer zulässt, von diffusen Schuldgefühlen eingesperrt und vom Leben abgeschnitten zu sein, hat sich damit ein Alibi verschafft, nicht mehr wachsen zu müssen. Wer aber das Wagnis der Freiheit eingeht, der wird Schmerzen erleiden – und mit, durch und hinter ihnen das Leben in seiner ganzen Fülle entdecken.

Stoß das Fenster auf,
häng die Tür aus.
Geh über Tische und Bänke.
Weite beginnt im Blick,
in der Wahrnehmung,
in der Einstellung.

Wer die Welt eng denkt,
erlebt sie als Gefängnis.
Wer sie weit denkt,
wird ihr Ende nicht finden.
Sogar noch im Tod ereignet sich
das Unaussprechliche.
Finde deine Stimme.
Frag dich selbst nach dem Weg.
Heute neigt sich das Leben dir zu.
Steig ein in das Boot deiner Gelassenheit
und segle in die Weite.

Ulrich Schaffer

In mir ruhen

Es gehört zur Aufgabe der Freiheit, falsche Schuldgefühle zurückzuweisen. Ebenso ist es jedoch auch geboten, echte Schuld wahrzunehmen und neue Wege zu gehen. Wenn frühere Generationen von einem allgemeinen und nagenden Gefühl der Schuld gefangen waren, macht sich in unserer heutigen Zeit eher eine Unfähigkeit breit, überhaupt Schuld zu empfinden. Unsere Sensibilität scheint abgestumpft und unsere Urteilskraft erloschen. Menschen werden an ihrem Arbeitsplatz oder in der Schule klein gemacht, beschimpft und ausgestoßen. Mobbing ist zu einem echten gesellschaftlichen Problem geworden. Oft entstehen solche Unterdrückungsszenarien aus dem diffusen Bewusstsein der eigenen Schwäche und Unzulänglichkeit. Wer aber einen noch Schwächeren klein machen kann, fühlt sich selber stark. Meist ist dabei keinerlei Bewusstsein der Schuldhaftigkeit vorhanden. Ein Teufelskreis setzt sich in Bewegung: Der vermeintlich Starke sucht immer öfter den Kick, sich selbst stark zu fühlen, und der Unterdrückte wird immer sensibler und empfindet schon die kleinste Attacke als Schlag ins Gesicht. Hier bedarf es wacher und mutiger Menschen, die solch eine heillose Beziehung unterbrechen und der Unterdrückung Einhalt gebieten. Aber dazu muss der Mutige selbst schon ein gewisses Maß an innerer Freiheit erreicht haben, deren Frucht eine natürliche Autorität ist. Wer um sein Image bei den Starken besorgt ist, ist zu dieser Aufgabe nicht bereit.

Wenn wir in uns selbst ruhen und wissen, dass unser Wert nicht in der Wertschätzung der anderen liegt – oder von ihrer Verurteilung infrage gestellt wird –, sind wir frei, spontan und unbeleidigt auf Angriffe und Schmähungen zu reagieren. Wir müssen uns nicht getroffen fühlen, wenn wir erkennen, dass wir selbst gar nicht gemeint sind, sondern nur als Zielscheibe dienen für die versteckten und uneingestandenen Frustrationen des Angreifers. Es ist jedoch ungleich schwerer, nicht zu kämpfen, sich nicht zu verteidigen, es nicht mit gleicher

Die Mutige beugt sich vor niemandem und nichts, wo Beugung erwartet wird. Sie sagt dazu: »Alles, was das Bedürfnis hat, mich gebeugt zu sehen, muss selbst so klein sein, dass ich mich nicht vor ihm beugen werde.« Manchmal atmet sie an dieser Stelle tief durch, weil sie fast Angst vor ihrem Mut bekommt. Aber sie bleibt bei ihrer Haltung und ihr Mut wächst noch. Hinter ihrem Rücken nennen es ihre Freunde gelegentlich Hochmut. Aber sie weiß, dass das nicht zutrifft.

Gerade weil sie sich nicht auf Wunsch beugt, darum kann sie sich vor allem beugen. Es ist ihre Wahl. Ihr Beugen ist nicht Unterwürfigkeit, sondern Ehrerbietung. So kann sich der König vor dem unscheinbarsten seiner Untertanen beugen, weil er ihn ehrt und liebt, nicht, weil er über ihn herrscht.

Die Mutige beschenkt Gott unaufhörlich mit ihrem aufrechten Gang. Manchmal hat sie das Empfinden, dass sie Arm in Arm mit Gott geht und es keine Hierarchie mehr gibt. Dann spürt sie sich als Teil des Ganzen, so wie sie es nie war, als sie sich noch beugte. Da wagt sie, sich sogar einen Gedanken anzuprobieren, wie man ein Kleidungsstück anprobiert: »Ich bin ein Teil Gottes und Gott ist ein Teil von mir.« Das Hemd passt, auch, wenn es sehr weit und luftig ist.[34]

Ulrich Schaffer

Münze heimzuzahlen. Wenn es uns aber gelingt, werden wir merken, dass der Angriff ins Leere läuft.

Bei Karatekämpfern gibt es einen Trick, einem Schlag die Wucht zu nehmen: Man stemmt sich nicht mit aller Kraft gegen den Schlag, sondern geht mit ihm ein Stück zurück. Druck erzeugt Gegendruck. Das schockierende Wort Jesu von der anderen Wange reflektiert diese Einsicht.

Auf humorvolle Weise beschreibt John O'Donohue eine ideale Reaktion auf eine Erniedrigung. Es wäre wunderbar, wenn wir immer gelassen und selbstsicher wären und dann dem Angreifer mit einem Schmunzeln sagen könnten: »Es tut mir leid, dass es Ihnen so zu schaffen macht, aber wissen Sie, momentan fühle ich mich einfach pudelwohl. Tut mir leid, dass es Ihnen so schlecht geht. Kann ich Ihnen eine Tasse Kaffee holen, oder sonst was?«[33] Leider ist jedoch oft das Gegenteil der Fall: Ich fühle mich verletzt und gehe zum Gegenangriff über. Ich gehe in Resonanz zu der aggressiven Energie meines Gegenübers und alles wird noch viel schlimmer.

Einen Angriff, eine Beleidigung nicht mit einem Gegenschlag zu beantworten, ist das Gegenteil von Feigheit. Wir müssen dazu sehr mutig sein. Und in unserer scheinbaren Duldung erniedrigen wir uns nicht unter die Aggression unseres Angreifers, sondern wir bleiben standhaft bei uns selbst. Wir lassen die Schmähung zu, aber wir beugen uns nicht dabei.

Das Gefängnis des Bildes

Es gibt noch ein Phänomen, das uns hinter unseren eigenen Möglichkeiten zurückbleiben lässt: das Bild, das wir uns von uns selbst gemacht haben. Täglich definieren wir uns über unsere Aufgaben und Errungenschaften, über unsere berufliche Rolle und unsere Stellung in der Gesellschaft und Familie. Wir sind Arzt oder Arbeiter, Hausbesitzer oder Mieter, Vater oder Mutter, Ehemann oder Ehefrau, Vereinsvorsitzender oder Aktivist und so weiter. All dies stimmt und es stimmt dennoch nicht, denn wir sind viel mehr als dies. Spätestens unser Tod wird all die Rollen und Aufgaben, die wir in unserem Leben übernommen haben, entgrenzen und uns in die viel größere Weite unseres Selbst hineinführen. Wenn ich die Schwelle ins andere Leben überschreite, höre ich auf, Vater oder Sohn zu sein, ich bin nicht mehr Unternehmerin oder Partnerin, ich bin dann auch nicht mehr herzkrank oder Immobilienbesitzer. Ich bin einfach. Der Tod ist die ultimative Entgrenzung aus zu eng gesteckten Vorstellungen unseres Selbst. Je früher wir dieses Geheimnis ergründen, desto mehr Freiheit wird uns schon hier zuteil. Es ist bereits jetzt unsere Lebensaufgabe, in das Leben hineinzuwachsen, das wir selbst sind. Die Landschaften unserer Seele sind unendlich weit und sie beherbergen das Abenteuer unserer Reise zu uns selbst.

Gerade für Männer in leitenden Positionen mit Macht, Einfluss und Ansehen ist der Übergang in den Ruhestand eine große Krise. Manche haben sich so sehr mit ihrer Rolle und der Wertschätzung, die mit ihr einherging, identifiziert, dass sie nach dem Wegfallen dieser Identifikationsmöglichkeit auf einen erbärmlichen Rest zusammengeschrumpft sind. Während ihrer Berufstätigkeit waren sie so eingebunden, dass sie keine Zeit hatten, Freundschaften zu pflegen, an der Entwicklung ihrer Partnerin teilzuhaben oder ihren Enkeln beim Spielen zuzusehen. Und nun wird es umso schwerer, dies zu lernen oder sogar Spaß daran zu haben.

Im Extremfall bleibt den Betroffenen nur ein Ausweg: Sie sterben. In milderen Fällen gelingt es vielleicht, sich in neue Aufgaben zu stürzen, ein großes Ehrenamt zu übernehmen oder sonst irgendwie wichtig zu sein. Ich habe viele ältere, noch agile Männer getroffen, die sich etwas kokettierend über ihren Unruhestand beklagten.

Wie aber kann es gelingen, meinen Wert nicht aus meinen Leistungen zu beziehen, sondern in mir selbst zu finden? Einfach zu sein! Das Leben zu genießen und mit ihm zusammen die Menschen, die mir anvertraut sind! Und dann, wenn ich mich über mich selbst freue, kann ich mich immer noch engagieren und wirklich frei sein in meiner Sorge für eine gute Sache. Wer jemals einen fröhlichen Alten getroffen hat, der zufrieden mit sich selbst und seinen eingeschränkten Möglichkeiten mit einer nur dem Alter möglichen Milde die Welt betrachtet, der spürt, wie wohltuend die Anwesenheit eines solchen Menschen ist. Er ist ein echtes Vorbild der Freiheit, die nicht darin besteht, möglichst alles zu haben, sondern alles Mögliche zu sein.

Ich bin

Die erste Begegnung zwischen Mose und Gott im brennenden Dornbusch hat eine sehr bezeichnende Pointe: Als Mose fragt, welchen Gottesnamen er seinem Volk verkünden soll, sagt die Stimme aus dem brennenden Busch die geheimnisvollen Worte: Ich bin, der ich bin.

Weil die hebräische Zeitform sowohl Gegenwart als auch Zukunft beschreibt, kann man auch übersetzen: Ich werde sein, der ich bin. Oder: Ich werde sein, der ich sein werde. Oder: Ich bin, der ich sein werde. Und schließlich sogar: Ich bin da.

Mose wird also von einem Gott geschickt, der sich von allen anderen Göttern, deren Name, Erscheinungsform, Tempel und Standbild wohlbekannt sind, unterscheidet und sich allen Vereinnahmungsversuchen entzieht. ER sagt: Es reicht, dass die Menschen wissen: Ich bin da – und dabei auf eurer Reise. Mehr braucht ihr nicht zu wissen, denn das ist mein ureigenstes Wesen: dabei zu sein bei meinem Volk.

In der jüdischen Tradition wurde diese Bibelstelle sehr wichtig genommen – so wichtig, dass es sogar verboten war, den Gottesnamen auszusprechen, der sich aus diesem Wortspiel ableitet. Anstelle des JHWH sprechen fromme Juden dann von Adonai, dem HERRN ihres Lebens.

Es ist bemerkenswert, dass wir gerade von dem Menschen, den wir lieben, am mindesten sagen können, wie er sei. Wir lieben ihn einfach. Eben darin besteht ja die Liebe, das Wunderbare an der Liebe, dass sie uns in der Schwebe des Lebendigen hält, in der Bereitschaft, einem Menschen zu folgen in allen seinen möglichen Entfaltungen. Wir wissen, dass jeder Mensch, wenn man ihn liebt, sich wie verwandelt fühlt, wie entfaltet, und dass auch dem Liebenden sich alles entfalte, das Nächste, das lange Bekannte. Vieles sieht er wie zum ersten Mal. Die Liebe befreit es aus jeglichem Bildnis. Das ist das Erregende, das Abenteuerliche, das eigentlich Spannende, dass wir mit den Menschen, die wir lieben, nicht fertig werden: weil wir sie lieben; solang wir sie lieben.[35]

Max Frisch

Vielleicht tun wir gut daran, dies nicht nur auf Gott zu beziehen, sondern auch auf uns selbst und auf die Menschen, die wir lieben. Es ist eine wohltuende Übung, sich hinzusetzen, gleichmäßig ein- und auszuatmen und sich selbst immer wieder zu sagen: Ich bin. Ich bin. Ich bin. Und mit den Worten wird sich eine große Gelassenheit einstellen und eine Dankbarkeit dafür, dass es so ist.

Unser Gegenüber bleibt ein Geheimnis. Besonders wenn wir ihn oder sie lieben, tun wir gut daran, dieses Geheimnis nicht ergründen zu wollen. Wir werden immer wieder Neues entdecken. Und wir werden uns davor hüten, die Freiheit unseres Partners einzuschränken mit solch lieblosen Phrasen wie: »Immer tust du dies oder das.« Oder: »Nie kannst du …«

Wenn wir unseren Partner lieben, werden wir ihn oder sie nicht festklopfen auf das Bild, das wir uns von ihr/ihm gemacht haben. Und wir werden nicht einmal dem Bild glauben, das er oder sie von sich selber gezeichnet hat. Dann werden sich zwei freie Menschen im Tanz der Liebe begegnen.

Ich bin kein Opfer

Ein Stolperstein für die Freiheit, unser Leben zu leben und in das volle Potenzial unserer Möglichkeiten hineinzuwachsen, ist die Vorstellung von einem Schicksal. Auf vielen Beerdigungen hörte ich den Pfarrer über die Verstorbenen sagen: Sie hatte ein schweres Los, oder: Er hatte ein schlimmes Schicksal. Ich will damit nicht verleugnen, dass in einem Leben so tragische Dinge geschehen können, dass eine lebenslange Wunde bleibt. Sicherlich ist der Verlust der eigenen Kinder das Schlimmste, was einem Menschen widerfahren kann. Millionenfach mussten dies Frauen und Männer im Krieg erleben.

Die Vorstellung von einem Schicksal kommt sowohl aus der germanischen wie aus der römischen Mythologie. Sind es bei den Germanen die drei blinden Nornen, die an der Wurzel der

VERSÖHNUNG

Wenn die Schatten der Dämmerung länger werden
und du weißt
dass die Nacht nun dunkel über dich hereinbricht
dann vergiss die warme Decke nicht
und die dicken Socken
Setz dich der Dunkelheit aus
auch der Dunkelheit in dir
und schaue sie an
– schaue lange –
sieh in das Schwarz hinein
bis dir die Augen tränen
und spüre das Brennen in dir
Tief hast du es vergraben und verdrängt
was auch zu deinem Leben gehört
die Leere
das Nichts
die Abwesenheit allen Leuchtens
der Grauton ohne Farbigkeit
glanzlos
Erst wenn der Morgen graut
steh auf
und beginne den Tag
versöhnt mit dir
und mit einem Lächeln.

Anja Erz-Holschuh

Weltesche Ygdrasil die Fäden der menschlichen Geschicke weben, so ist es bei den Römern das ebenso blinde *Fatum* – im Englischen sprachlich noch ganz nah mit *fate* –, das nach dem Zufallsprinzip den Menschen ihre Geschichte zuteilt.

Dieses Verständnis widerspricht diametral dem biblischen Zeugnis, das sowohl dem Menschen Verantwortung zutraut, als auch Gott als einen zugewandten und gnädigen Gott begreift. Der Glaube ist keine Versicherung gegen schreckliche Widerfahrnisse im Leben. Aber wir sind weder allein im Umgang mit solch traumatischen Erlebnissen, noch sind wir Opfer. Man kann sich in dieser Vorstellung baden. Und allen und allem anderen die Schuld an der misslichen Lage geben. Und immer wird dies auch einen Funken Wahrheit beinhalten, denn die Wirklichkeit ist nie einseitig. Aber wir untergraben damit die eigene Rolle, die wir in unserem Leben spielen können. Wenn wir wirklich glauben, dass wir zur Freiheit geschaffen sind, dann müssen wir auch unsere Vorstellung von dem Einfluss, den wir auf unser eigenes Leben haben können, entsprechend korrigieren. Wir werden dabei sehen, dass viele widrige Umstände, mit denen wir zu kämpfen haben, mitnichten Verhängnis sind, sondern eher die Folgen früherer Entscheidungen in unserem Leben. Und wenn wir wach und offen sind, werden wir auch die Hilfe sehen, die uns angeboten wird, um schwierige Situationen zu überwinden. Im Rückblick mag es uns dann vielleicht so erscheinen, dass wir immer dann gewachsen sind, wenn wir eine schwierige Aufgabe gestellt bekommen haben. Die einfachen Phasen in unserem Leben sind gut und wir sollten uns daran freuen. Aber die kniffligen Situationen und die Krisen unseres Lebens sind die Brennpunkte, an denen wir allein entscheiden, ob wir uns weiterentwickeln oder stagnieren.

Damit will ich das, was wehtut, nicht schönreden. Ich will uns vielmehr Mut machen, die Herausforderung anzunehmen und an ihr zu wachsen. Wer sich als Opfer empfindet, hat sich selbst schon aufgegeben. Und es gibt eine erstaunliche Kreativität darin, sich plausibel einzureden, warum man selbst ja gar nichts machen kann und leider den Umständen erlegen ist. Wenn wir dieselbe Energie und Kreativität dafür aufbringen könnten, unsere Wunden anzusehen und uns mit ihnen lieben zu lernen, würden wir über die klein machenden Opferkategorien hinauswachsen.

Willst du frei sein?

Die zentrale Frage, die sich jeder von uns stellen muss, der sich nach Freiheit sehnt, ist diese: Willst du überhaupt frei sein? Vielleicht klingt es banal. Natürlich wollen wir das, denn sonst würden wir uns ja nicht nach Freiheit sehnen. Und dennoch ist es berechtigt, diese Frage in aller Schärfe zu stellen. Jesus soll einen Gelähmten heilen, der schon seit achtunddreißig Jahren auf seine Heilung wartet. Er sitzt an einem Teich, dessen Wasser sich von Zeit zu Zeit bewegt. Wer dann als Erster hineinsteigt, wird von seinem Gebrechen geheilt. Die Situation für den Gelähmten ist tragisch, denn es ist ja gerade seine Krankheit, die ihn davon abhält, jemals der Erste zu sein. Und dennoch wartet er seit 38 Jahren – ein Leben lang. Es erscheint fast zynisch, als Jesus ihn fragt: Willst du gesund werden? Doch als der Mann eine authentische und ehrliche Antwort gibt, wird klar, dass es ihm ernst ist. Und Jesus heilt ihn (Johannes 5,1–9).

Wir lernen aus dieser Heilungsgeschichte, dass wir an der Oberfläche manchmal etwas wollen, dessen Erfüllung wir innerlich fürchten. Gerade bei chronisch kranken Menschen ist die Frage Jesu angemessen. Durch die Krankheit baut sich eine zweite Identität auf, die uns vielleicht vor unbequemen Entscheidungen schützt oder die uns die Aufmerksamkeit von Menschen garantiert, die wir uns sonst erarbeiten müssten. Wer sich jahrelang als Opfer empfunden hat, wird es schwer finden, sich als freien Menschen neu zu entdecken. Freiheit ist unbequem. Wir können niemandem anderen die Schuld geben. Wir müssen bei uns selber anfangen. Und wir haben keine Ausreden mehr. Freiheit ist anstrengend. Und dennoch liegt auf ihr die Verheißung, denn nur durch sie können wir in den Menschen hineinwachsen, zu dem wir einst geschaffen wurden.

Alles ist gut

Ulrich Schaffer sagt sinngemäß in seinem *Handbuch der Mutigen*: Die Mutige wagt zu sagen: In meiner Welt geht immer alles richtig. Die Mutige fragt nicht, was der Sinn des Lebens ist, sondern welchen Sinn sie ihrem Leben geben kann.

Humorvoll erzählt Ulrich Schaffer davon, dass es schon schwer genug war, diesen eigenen Satz sich selbst zu sagen, als er einen mittleren Blechschaden an einem Leihwagen verursacht hatte. Wie viel schwerer ist es jedoch, sich diesen Satz mit Überzeugung zu sagen, wenn etwas wirklich Lebenveränderndes geschieht. Wir sehen hier nicht über den Horizont hinaus. Unsere Sinnkonstruktion wird Stückwerk bleiben. Aber wir erfahren eine Weite, Offenheit und Freiheit jenseits unserer Vorstellung, wenn wir uns in das Vertrauen einüben, dass es einen guten Plan für unser Leben gibt.

Paulus sagt: Denen, die Gott lieben, dienen alle Dinge zum Besten. Ich möchte etwas frei übertragen: Die, die wissen, dass Gott sie liebt, können seine liebevolle Hand auch im dunklen Abgrund erahnen. Und Jörg Zink schreibt: Wir haben nicht alle Freiheit, aber so viel, wie wir unterwegs brauchen. So viel, dass wir uns nicht festhalten zu lassen brauchen, wenn wir gehen wollen. Uns ist nicht aller Sinn erschlossen, aber so viel, dass wir uns nicht um ihn zu sorgen brauchen. Wir müssen nicht erkannt haben, warum die Welt sich dreht. Wir dürfen aber vertrauen, dass unserem Geschick ein Plan zugrunde liegt und von uns nur die kleine Treue verlangt ist, auf dem Weg zu bleiben.[36]

Die Versuchung des Vergleichens

Eine weitere Falle für unsere Freiheit ist die Versuchung des Vergleichens. Wir blicken uns um in unserer Welt und vergleichen uns mit anderen. Natürlich immer nur mit denen, die es weiter gebracht haben, die besser situiert sind oder die schöner aussehen.

Der deutsch-amerikanische Autor Max Ehrmann riet bereits Anfang des 20. Jahrhunderts in seinem später weltberühmten Text »Desiderata« sinngemäß: Vergleiche dich nie mit anderen Menschen. Wenn du es dennoch tust, so wisse: Eitelkeit oder Bitterkeit warten auf dich, denn es wird immer geringere oder größere Menschen geben als dich selbst.

Wenn wir unser Leben durch die Brille des Vergleichs betrachten, stellt sich tatsächlich eine Enttäuschung ein. Warum hat dieser Durchschnittstyp so eine tolle Frau? Warum hat mein Schulkamerad mit viel schlechterem Abschluss einen viel besseren Job? Warum kann sich meine Schwester alles herausnehmen bei meinen Eltern? Warum raucht und trinkt dieser Kerl und erfreut sich dabei bester Gesundheit, während ich Diät halte, Sport treibe und dennoch meine Zipperlein habe? Die Liste lässt sich beliebig fortsetzen und die Warum-Fragen führen ins Nichts, denn sie lassen sich nicht beantworten. Es gibt keine übergeordnete Gerechtigkeit, die allen das Gleiche zuteilt. Es ist vielleicht schmerzhaft anzuerkennen, dass wir allein Verantwortung haben für unser Leben und weder unsere Schwester noch unser Schulkamerad zuständig sind für unsere Mittelmäßigkeit. Solange wir uns über Äußerlichkeiten definieren und dadurch die gewaltigen Schätze unseres Innenlebens nicht wahrhaben wollen, werden wir Gefangene unserer eigenen Vergleiche bleiben.

Vor Jahren gab es einen Werbespot, in dem sich zwei Männer nach einem halben Leben wiedersehen. Anstelle sich voneinander zu erzählen und den anderen an der spannenden Geschichte ihres Lebens teilhaben zu lassen, knallen sie sich

Die Mutige vergleicht selten. Wenn sie unsicher wird und sich an ihren Wert erinnern will, dann geht sie an den Ort in sich, an dem sie weiß, dass sie unvergleichlich ist. Ihr Wert liegt nicht im Vergleich, liegt nicht in dem, was sie leistet und wie sie aussieht, liegt nicht in irgendeiner Hierarchie, nicht in einer Bezifferung, liegt in keinem Zeugnis, das ihr jemand ausgestellt hat. Sie hat die vielen Momente, in denen sie sich begegnet ist, zueinander gefügt, und daraus ist das Bild ihrer Einmaligkeit entstanden. Es gelingt ihr dann, nur sich selbst zu sehen – niemanden zu ihrer Rechten oder Linken, niemand, der weniger oder mehr wäre als sie. Nur sie – in der großen Welt. Ein Wunder.

Früher hat sie Gott noch zu Hilfe genommen – hat ihren Wert durch Gottes Liebe zu sich erlebt, aber das lässt sie nun ruhen und sieht nur das Wunder, das sie ist. Es gibt stille Zeiten, da sieht sie sich nur an, tastet mit den Augen ihren Körper ab und bestaunt dieses Körperwesen. Sie betrachtet ihre Finger und Hände, sieht sich selbst, wie sie sich betrachtet, fühlt die Haut ihrer Wangen, streicht sich das Haar aus dem Gesicht und ist dabei versunken in die Person, die sie ist. Dann forscht sie nach ihrem Geist, nach dem Zentrum ihres Wesens, nach der gottförmigen Leere in ihr, nach ihrer Unendlichkeit und findet Geheimnis um unlösbares Geheimnis. Und in der ganz eigenen Wohnung ihrer Seele hält sie sich fest, bleibt irdisch und göttlich zugleich, richtet sich auf, löst sich auf und wird immer mehr sie selbst.

Sie hat den Mut, mit sich selbst ganz allein zu sein. Der einzige Mensch auf der Erde. Unvergleichbar.[37]

Ulrich Schaffer

jeweils drei Fotos auf den Tisch: »Mein Auto, mein Haus, mein Boot.« Sosehr dieser Spot eine witzige Karikatur ist, so wahr ist er doch auch. Natürlich definiere ich mich über das, was ich erreicht habe. Und auch ich bin froh, dass ich ein schönes Haus bewohnen kann, in das meine Frau und ich mit viel Liebe zum Detail Kraft, Kreativität, Zeit und Geld investiert haben. Ich will mich daran freuen und es genießen. Aber ich will ihm keine Macht geben über mich selbst. Der Segen wird sonst zum Fluch. Immer neu muss ich mich darin einüben zu sagen: Es ist alles nur geliehen und es ist nicht alles aus mir entstanden.

Wer den Mut aufbringt, sich nicht mehr zu vergleichen, wird den Wert seiner Person bei sich selbst finden.

Ein wunderbares Erlebnis von Freiheit hatte ich vor einiger Zeit, als ich meinen kleinen Sohn ins Bett brachte. Arthur hatte zu seinem vierten Geburtstag ein neues Bett bekommen, ein Ritterbett mit Zinnen und einer Höhle. Ich sagte scherzhaft: »Na, wie fühlt sich denn der Ritter Arthur in seinem neuen Ritterbett?« Darauf blickte mich mein Sohn ganz ernst an und sagte: »Aber Papa, ich bin doch gar nicht der Ritter Arthur. Und ich bin auch nicht der König Arthur. Ich will immer nur der Arthur sein.«

Freiheit als Herausforderung

Freiheit ist nicht nur ein persönliches Gut oder ein individuelles Recht, sondern auch eine gesellschaftliche Aufgabe. Wer Regierungen die Gefolgschaft verweigert, die den Menschen am Rand noch mehr Lebensraum nehmen und die Reichen noch reicher werden lassen, handelt als freier Bürger. Freiheit wird immer auch einen kritischen Unterton haben, ein eingebautes Gespür für Selbstgefälligkeit und Behäbigkeit.

Freiheit bedeutet auch, nicht alles für sich haben zu müssen, denn Besitz bindet. Natürlich tut es gut, Schönes genießen zu können. Aber wir müssen vorsichtig sein: Der Wahnsinn eines beständigen Wirtschaftswachstums braucht laufend neue Konsumenten, um die Maschine in Gang zu halten. *Shopping* wird zur Ersatzreligion. Und tatsächlich: Ein kurzfristiges Gefühl der Befriedigung stellt sich ein, wenn man etwas Nützliches oder Schönes gekauft hat. Wenn sich dieses Gefühl auch noch mit der Einstellung verbindet: »Das hab ich mir jetzt aber auch redlich verdient«, ist der Teufelskreis in Gang gesetzt. Wir arbeiten, um uns etwas leisten zu können, und wir leisten uns Dinge, weil wir ja so viel arbeiten müssen.

Brauchen wir wirklich das zehnte Paar Schuhe (ich kenne Leute, die haben mehr als 50 Paar)? Den supergünstigen Kurzurlaub in die Karibik? Das noch hippere Auto?

Wer sich einer Wirtschaft verweigert, deren Konsumgüter auf der Ausbeutung und Unterdrückung sprachloser Arbeiterkasten in anderen Ländern beruhen, hat einen Segen der Freiheit für sich gewonnen. Weniger ist mehr. Und bessere Qualität mag zu Beginn vielleicht teurer sein, langfristig gesehen ist sie jedoch viel günstiger als schnell produzierte Wegwerfprodukte. Freiheit hat weniger mit der Möglichkeit zu tun, alles Begehrenswerte zu kaufen oder sich anzueignen, sondern eher mit der Größe, auf Dinge bewusst zu verzichten.

Eine wunderbare körperliche Übung der Freiheit ist das Fasten: Ich verzichte eine Zeit lang. Zunächst meint das Fasten Enthaltung von Speisen, aber man kann natürlich auch lieb gewonnene Gewohnheiten fasten. Wer einmal versucht, nur zwei Tage lang auf unsere alltäglichen Urteile und Kategorien von Gut und Böse zu verzichten, wird merken, wie sein schnelles Urteilen ihn davon abhält, das ganze Bild einer vielschichtigen und komplexen Wirklichkeit zu sehen. Ich trinke gern am Abend ein Glas Wein. Eine kleine Belohnung für die Mühen des Tages und eine einfache Entspannung. Seit über zwanzig Jahren jedoch habe ich mir angewöhnt, in der Fastenzeit auf Alkohol zu verzichten. Am Anfang ist es immer noch ein bisschen schwer. Ich denke mit Sehnsucht an den guten

Ich will ICH sein
und mich leben dürfen
Ich will mich feiern
in meinem Lachen
in meinem Weinen
in der Art
wie ich gehe
wie ich fühle
und die Welt durch meine Brille wahrnehme
Ich will mich lieben
in dem Zuspruch
den ich mir sage
und dem Blick
den mir mein Spiegelbild zurückwirft
Ich will mich achten
mit meinen Wünschen und Sehnsüchten
mit meinen Träumen von einem erfüllten Leben
mit dir
und an den Tagen
da du mich nicht erkennen möchtest
da will ich aus meiner Hoffnung leben
und wach sein
für den Kairos
an dem wir uns wieder neu begegnen können.

Anja Erz-Holschuh

Geschmack und die Festlichkeit, die ein gemeinsam getrunkenes Glas mit sich bringt. Doch allmählich fühle ich mich leichter und freier. Und wenn die Fastenzeit vorbei ist, bin ich stolz auf mich und der neu entdeckte Geschmack des Weines wirkt viel intensiver. Durch einen kleinen Verzicht ist mein Leben voller, gesünder und freier geworden.

Freiheit ist das Gegenteil von Fülle. Es ist vielmehr ein Leerwerden, ein Sich-Entäußern, ein bewusstes Schrumpfen.

Frei sein, sich zu verschenken

Freiheit ist eine Folge der Liebe. Es ist das Wesen der Liebe, nicht für sich zu fordern, sondern sich zu verschenken. Der Liebende ist frei wie der Geliebte. Er fürchtet nicht den Abstieg zum anderen hin. Seine Freiheit besteht darin, groß zu sein und dennoch die Kleinheit zu wählen. Das vollkommene Bild der Freiheit ist Jesus. Obwohl er Gott ist, wird er Mensch. Obwohl er alles hat, gibt er alles auf. Er teilt das Leben der Menschen. Er trinkt den Kelch des Leidens bis zur Neige. Er folgt damit keinem geheimen göttlichen Plan, der aus welchen Gründen auch immer auf dem Opfer seines Sohnes beharrt. Das sind alles menschliche Vorstellungen, die moralische Gesetze der Menschenwelt in die göttliche Welt projizieren. Jesus geht seinen Weg, weil er frei dazu ist. Und weil er uns damit zeigt, wie wahres Menschsein gedacht ist. Freiheit ist gefährlich. Und wer liebt, wird verletzt werden. Aber durch die Liebe wird er auch geheilt.

Wenn wir nur auf der Seite des Hellen, Guten, Schönen stehen wollen, bleiben wir an der Oberfläche. Ein Leben, das sich lohnt, steigt in die Tiefe hinab: in die Tiefe der eigenen Abgründe als auch in die Tiefe der geängstigten und verfolgten Kreatur. Darin besteht die Freiheit: nicht für sich den leichten Weg zu wählen, sondern den Weg des Widerstands, der Gefahr und der Anfechtung. Und immer wieder werden dabei aus unseren Wunden Wunder entstehen und aus unserem Schmerz Großes geboren werden. Es lohnt sich zu trauern und unsere Tränen sind die Saatkörner der Freiheit.

Das Geschenk der Freiheit

Bei all dem, was ich bisher geschrieben habe, bleibt eines fest: Sosehr wir unsere Freiheit aufs Spiel setzen können, verlieren können und uns in selbst gebaute Kerker unserer Kleinlichkeit zurückziehen können, so wenig können wir Freiheit aktiv erarbeiten, uns verdienen oder gar kaufen. Natürlich sind wir gerufen, für die Außenseite der Freiheit, die Gerechtigkeit, einzustehen und Strukturen der Unterdrückung zu entlarven und zu bekämpfen. Aber unsere innere, ganz eigene Freiheit wird immer ein Geschenk sein. Wir können offen sein, es zu empfangen, aber wir können es nicht machen. Ich möchte gerne eine kleine Zeitreise unternehmen:

Stellen wir uns vor: Sklavenmarkt im Alten Orient. Die Gefesselten stehen seit dem Morgengrauen auf dem Marktplatz und warten auf einen Käufer. Die Sonne brennt auf ihre Schultern, auf ihre Köpfe, in ihre Seele. Sie bekommen dennoch kein Wasser. Sie werden taxiert nach Körperbau, Alter, Gebiss, Abstammung und zu erwartender Leistungsfähigkeit. Ein thrakischer Gladiator mit hünenhafter Erscheinung ist mehr wert als die graue germanische Maus, die höchstens als niedere Küchenhilfe eingesetzt werden kann. Die ägyptische Schönheit, die sich vielleicht inoffiziell als Konkubine halten lässt, wird einen höheren Preis erzielen als ein gallischer Greis, der vielleicht in wenigen Jahren das Gnadenbrot bekommen muss. Die Sklaven wissen, dass der neue Herr sie ebenso mitleidlos ausbeuten wird wie der alte. Ihr Leben wird weiterhin das eines Sklaven sein und als solches

Niemand, der offenen Auges durch die Welt geht,
kommt unversehrt durchs Leben ohne die ›Grundtrauer‹.
Auf dem Grund der Seele jedes Nachdenklichen
ist eine Zone heimlicher Schwermut,
des dunklen Mitleidens mit all jenen,
die sich aus dem Elend nicht erheben können.
Trauer darüber, dass die Welt nicht in Ordnung ist,
dass am Ende jeder großen Bemühung des Herzens
zwar da und dort ein wenig Licht sein wird,
am Ende unseres Lebens aber so viel Dunkelheit bleibt
wie am Ende des Lebens unserer Kinder und Enkel.

Liebe, um die es sich lohnt,
ist darum auch immer eine Art Abstieg.
Der Stärkere, der Gesunde, der Fröhliche
steigt ein paar Stufen hinab,
um dem Leidenden in seiner Angst nahe zu sein.[38]

Jörg Zink

enden: rechtlos, besitzlos, ohne eigenen Wert, einfach eine *human resource!* Doch plötzlich geschieht das Unglaubliche jenseits aller Hoffnung: Ein Käufer kommt und zahlt den Preis. Er nimmt den Sklaven die Fesseln ab, er öffnet ihr Halsband, das sie als Sklaven offenbart. Er zeigt auf die Agora, den Marktplatz, und sagt: Das ist eure neue Welt! Ihr seid frei! Ihr habt ein eigenes Leben! Ihr seid etwas wert um eurer selbst willen!

Wenn Jesus sagt: »Ich gebe mein Leben als Lösegeld für viele«, dann bezeichnet er damit genau so einen unglaublichen Vorgang. Er sagt damit: Ich tue das für dich. Du sollst frei sein! Du wirst aber nicht frei, indem du dann und wann deinen Herrn wechselst, der dich ausbeutet und dem du gehorchst; es sei denn, einer kommt und zahlt den Preis, den deine Freiheit wert ist. Deine Freiheit ist unendlich kostbar. Und ich zahle den Preis mit meinem Leben.

Und stellen wir uns vor, die Sklaven jubeln begeistert, sie gehen hin in ihre Freiheit und … scheitern an ihr. Schleichend und unmerklich machen sie sich selber wieder zu Knechten. Die einen gehen vielleicht freiwillig zurück zu ihrem Herrn, weil sie bereits als Sklaven geboren wurden und sich mit der neu gewonnenen Freiheit in der großen Stadt nicht zurechtfinden. Da ist ihnen die Sicherheit als Diener in einem Haushalt eines römischen Patriziers lieber. Rechtlos, aber geborgen! Die anderen sind so euphorisch, dass sie eintauchen in die urbane Welt des Sinnenrauschs: *Sex, drugs, rock'n roll*. Einige wenige aber sind diszipliniert genug, das unendlich kostbare Geschenk ihres Lebens nicht sinnlos zu verspielen. Sie nehmen ihr Leben in die Hand, gestalten es bewusst und leben in Dankbarkeit und Freude.

Vielleicht hatte Paulus so eine Szene im Kopf, als er leidenschaftlich an seine keltischen Freunde in Galatien schrieb:

Zur Freiheit hat uns Christus befreit! So steht nun fest und lasst euch nicht wieder das Joch der Knechtschaft auferlegen! (Galater 5,1)

Paulus macht es ganz klar und er verwendet dafür ungewöhnlich drastische Worte: Eure Freiheit ist kostbar. Sie ist ein Geschenk. Ihr könnt sie nicht erwerben, erkaufen, erhalten.

Ihr könnt euch noch so sehr bemühen: Aus euch selbst heraus werdet ihr nur immer wieder in neue Abhängigkeiten geraten. In euch warten Kerkerräume, aber keine Landschaften des Lebens!

Seine konkreten Gegner in Galatien vertraten die Meinung, dass man erst Jude werden müsse, sich also beschneiden lassen müsse, um schließlich Christ werden zu können. Aber diesen selbst konstruierten Umweg entlarvt Paulus nur als ein neues Gesetz, von Menschen gemacht, um Macht und Einfluss über andere zu gewinnen.

Wenn aber der neuen Freiheit wirklich eine so starke Kraft zur Veränderung innewohnt, wie sie Paulus kennengelernt hat, dann kann es keine Umwege mehr geben. Und erst recht keine neuen Herren außer dem *Einen*. Und der will nur unsere Freiheit.

Das ist der rote Faden, der sich durch die ganze Bibel zieht: Gott ist ein Gott des Lebens. Er ist der Geist der Freiheit. Gott ist die Liebe. Und die lässt keine Ungerechtigkeit zu. Es ist die subtilste und gefährlichste Ungerechtigkeit, wenn wir hinter unseren eigenen Möglichkeiten zurückbleiben.

Das Wunder wartet auf uns

Die Erwartungen, die unsere Eltern, Lehrer, Freunde an uns stellen, können uns so zur zweiten Natur werden, dass wir sie selbst als unsere ureigensten Gedanken interpretieren. Ich denke da an die junge Frau, die einzige Tochter, mit der die Eltern Großes vorhatten. Als Tochter aus gutem Hause sollte sie studieren. Als sie nach dem Abitur nur eine Lehre macht, sind die Eltern schockiert. Wie kann man denn so mutwillig seine Bildung wegwerfen? Als sie nach der Lehre schließlich doch noch studiert, ist es das falsche Fach: brotlose Kunst, geringe gesellschaftliche Anerkennung. Und erst ihre Freunde? Illusionsreiche Taugenichtse aus Wolkenkuckucksheim. Nie hört sie das so ersehnte Wort: Du bist unsere liebe Tochter. Geh deinen Weg! Wir lieben dich! Und sie beginnt selbst daran zu glauben, dass sie nicht einfach um ihrer selbst willen geliebt werden kann. Sie will es sich und der Welt, aber besonders ihren Eltern beweisen. Sie arbeitet bis zur Erschöpfung, aber sie wird nie gut genug sein. Schließlich bricht sie zusammen. Die Diagnose ist hoffnungslos: *Burnout*, ausgebrannt. Ein Wunder muss geschehen, damit sie zu sich selbst und ihrer ureigenen Kraft zurückfinden kann. Dass sie den Worten der Liebe Glauben schenken kann. Und dass sie sich selbst annehmen kann als wunderbares Geschöpf eines großen Künstlers, der ihre empfindsame Seele nicht nur ganz durchdringt und versteht, sondern der sie selbst so geschaffen hat.

Dieses Wunder ereignet sich täglich. Es geschieht dort, wo das Geheimnis der Freiheit verstanden und gelebt wird. Wo Gottes liebevolle Worte direkt ins Herz treffen: Du bist mein geliebter Sohn, meine geliebte Tochter. Nichts kann mich von dir trennen. Keine Macht der Welt darf auf dich einen Anspruch erheben. Ich habe mein eigenes Leben gegeben, damit du das deine leben kannst: in Fülle leben kannst, so wie ich es mir für dich ausgedacht habe. Nicht ohne Leid und Schmerz, denn das ist der Weg der Reifung. Aber ohne Furcht, wenn du dich in meiner Zärtlichkeit geborgen weißt. Ich bin der Herr, dein Gott. Es gibt keine anderen Herren für dich. Du bist frei! Dieses Wunder können wir nicht erzwingen. Aber wir können offen sein, wenn es sich anbahnt.

Sieh mich an, so werde ich schön,
lach mich an, so lache ich auch,
deine Hand, nah bei mir, macht warm,
und der Himmel brennt in mir auf.

Irgendetwas immer versäumt,
nur ein Wort fehlt, nur eine Geste,
muss ich warten, bis Gutes geschieht,
und der Himmel sich zu uns neigt?

Will die Liebe nicht verfehlen,
Nähe, Sehnen, Trost.
Nur Geschenktes wird geschehen.
Mich den Wogen überlassen,
sie berauschend, staunend sehn.

Wenn ich weine, halte mich fest,
steh du aufrecht, wenn es in mir bebt,
schau dich an und der Morgen wird leicht,
wie mit heiterem Himmel verwebt.

Unaufhaltsam mit dir,
das ist unser Weg,
eng verwoben und doch neu
sehe ich dich: frei und schön.
Augenblick schwebe, ströme leicht und weit.
Ein Gefühl: dies ist unsre Zeit,
und der Himmel sich zu uns neigt.

Ja, der Himmel sei uns zugeneigt.[39]

Horst Bracks

6. Vergehen und Neu werden: Jenseits des Schleiers wartet das Morgenrot

Wenn wir sterben, kehren wir zurück in den Kreis unserer Zugehörigkeit. In unserer Wirklichkeit sehen wir nur die eine Seite des Todes: den Abschied, das Ende, den Schmerz über den Verlust. Aber wir ahnen, dass es da noch eine andere, eine hellere Seite gibt. Der Tod ist die Pforte in unsere lichtvolle Präsenz, er ist die Tür zur Wirklichkeit Gottes, die schon in unserem Leben, mitten in unserer Welt, beginnt. Der Tod ist die Geburt in unser größeres Sein. Wenn wir diese Schwelle überschreiten, werden wir sehen, was wir jetzt nur ahnen können: Es gibt gar kein Diesseits und Jenseits, unsere Welt ist nicht geteilt, sondern eins.

Die tiefe Wunde

»Der Tod ist die tiefe Wunde, die im Universum klafft – und ebenso in jedem Leben.« Diesem Satz von John O'Donohue würden wir wohl alle zustimmen. Wir haben uns daran gewöhnt, den Tod als etwas Bedrohliches, Negatives, ja Zerstörerisches zu sehen: Wo Leben war, macht er es zunichte. Wo Schönheit war, zerfällt sie durch ihn. Wo Liebe blühte, herrschen jetzt Trauer und Verzweiflung.

Wir Lebenden kennen den Tod vor allem aus der Perspektive der Zurückgelassenen: Er raubt uns liebe Menschen und lässt uns allein zurück. Kein Wunder, dass wir ihn als den großen Räuber und die ultimative Bedrohung empfinden. Und weil wir transzendente Wesen sind, also Geschöpfe, die über ihre eigenen

Grenzen hinausdenken können, wissen wir, dass er auch uns eines Tages mit sich reißen wird. Allein, wohin ist uns unbekannt und wir sind unentschieden, ob wir uns mehr vor dem Bekannten fürchten müssen – also, dass wir sterben müssen – oder vor dem Unbekannten: wohin die Reise geht. Auch die Stunde unseres Todes bleibt im Dunkel der Zukunft: Dürfen wir alt und lebenssatt sterben oder müssen wir zur Unzeit gehen?

Viele Menschen fürchten nicht nur den Tod im Allgemeinen, sondern im Besonderen das Sterben: Wird es begleitet sein von langer Krankheit und erniedrigendem Siechtum? Werden wir auf Pflege angewiesen sein? Wie viel Schmerz sind wir bereit zu ertragen? Und weil das alles schmerzliche Fragen sind, wollen wir uns damit lieber nicht beschäftigen. Den Tod zu verdrängen, fällt auch nicht schwer, denn unsere Gesellschaft und in ihr besonders die Medien huldigen einem Unsterblichkeits- und Jugendkult, in dem kein Raum ist für solch sensible Fragen. Man könnte diese Verdrängung sogar noch philosophisch adeln: Epikur sagt: »Der Tod ist nichts, was uns angeht. Denn wenn wir sind, ist er noch nicht, und wenn er ist, sind wir nicht mehr.« Aus dieser Erkenntnis folgt ein genussreiches Leben – solange es eben geht.

Aber weil wir immer wieder – und vor allem unverhofft – mit den unterschiedlichsten Gesichtern des Todes konfrontiert werden, ist diese Vogel-Strauß-Taktik nicht besonders hilfreich. Psalm 90 drückt die Alternative dazu sehr pointiert in einer Bitte an Gott aus: »Lehre uns bedenken, dass wir sterben müssen, damit wir klug werden.«

Bruder Tod

In diesem Kapitel möchte ich tun, was in dem erwähnten Satz aus Psalm 90 empfohlen wird. Vielleicht entdecken wir dabei ganz andere, noch eher unbekannte Dimensionen des Todes. Und vermutlich werden wir dabei auch auf sein positives Po-

Vielleicht ist es möglich,
sich den eigenen Tod so oft vorzustellen,
ihn so liebend zu beschreiben,
ihn wie eine dünne, durchsichtige
Gardine im Wind
zu spüren,
seinen Hauch wahrzunehmen
wie einen warmen Abendwind
ohne Angst,
sich an all die vor uns zu erinnern,
die ihm begegnet sind,
und zu wissen,
dass er der Anfang von etwas ist,
was wir nicht sagen können.

Und dass er durch all diese Übungen
wie ein Freund in unserer Handfläche lebt,
wie der Stamm zwischen unseren Schulterblättern,
oder als Berg in unserem Leben steht,
der uns die Tiefe und die Höhe gibt,
nach der wir uns gesehnt haben.

Vielleicht ist es möglich,
ihn Bruder und Schwester zu nennen,
Bruder Tod, Schwester Tod,
und ihn heimzuholen
wie einen Freund,
der bei uns leben will,
weil er nicht knöchern ist,
nicht weiß und leblos,
sondern der Kern des Lebens,
und weil er es ist,
der die letzte Pforte
unserer Sehnsucht aufstößt.[40]

Ulrich Schaffer

tenzial stoßen. Wohl kaum am Ende dieses Kapitels, aber vielleicht am Ende eines langen Denkprozesses oder am Ende unseres Lebens könnte er uns so begegnen, wie Franz von Assisi ihn kennengelernt hat: als Bruder Tod. Jörg Zink sagt:

> Eine große Veränderung ist die Zukunft und der Tod ist der große Verwandler. Er wird so lange unser Feind sein, bis wir fähig geworden sind, ihn als unseren Bruder zu erkennen. Und das Leben wird uns so lange fremd bleiben, bis wir es erkennen als den großen Tanz zwischen Geburt, Leben, Tod, Geburt und Leben, und bis wir es so lieben, wie es sich abspielt.[41]

Ars moriendi

Der Weg zu einer Würdigung des Todes nahm in der mittelalterlichen Frömmigkeit als *»ars moriendi«*, als Kunst des Sterbens, einen wichtigen Platz ein. Diese Kunst begann mitten im Leben und hatte viele Aspekte: Das Bild des Gekreuzigten zu meditieren half, sowohl die eigene Endlichkeit zu bedenken, als auch die grenzenlose Güte Gottes zu vergegenwärtigen, die sich selbst vor dem Tod nicht ausnimmt. Wir betrachten heute in Zeitschriften, im Kino und im Fernsehen die Idole unserer Zeit: nicht leidend und zerschlagen, sondern schön und jugendlich. Die Popkönigin Madonna lässt sich während ihrer gigantischen Show an ein Kreuz binden – wohlgemerkt perfekt gestylt und trotz ihrer 50 Jahre immer noch erotisch. Die Unterhaltungsindustrie hat ein feines Gespür dafür, mit welchen machtvollen Symbolen sie Profit schlagen kann. Kein Profit, aber ein Gewinn ist es für uns, wenn wir unsere Zerbrochenheit und Endlichkeit mithineinnehmen in unser Leben und als einen Teil dessen willkommen heißen.

Sterbende zu begleiten und Trauernde zu trösten war ebenfalls ein Aspekt der *ars moriendi*. Und dabei gab es keine klare

Hierarchie von Geben und Nehmen, sondern der Fluss des Beschenkt-Werdens floss in beide Richtungen. Wir bestehlen uns in erster Linie selbst, wenn wir dies heute an Fachpersonal in Krankenhäusern und Hospizen delegieren.

Ein dritter und vielleicht wichtigster Aspekt für die Kunst des Sterbens war, sich in die Gewissheit der Zärtlichkeit Gottes zu bergen. Viele Bibelstellen sprechen davon und wir tun gut daran, einige davon auswendig zu können. Die Bitte aus Psalm 90 hat einen machtvollen Kontext: Sie erinnert uns ja nicht einfach an unsere Sterblichkeit um ihrer selbst willen. Das wäre ungnädig. Sie beginnt vielmehr mit den Worten: »Du bist unsere Zuflucht für und für. Ehe denn die Berge wurden und die Erde und die Welt geschaffen wurden, bist du, Gott, von Ewigkeit zu Ewigkeit.« Weil Gott größer ist als die geschaffene Welt und mit ihr auch die Endlichkeit, weil er eben von Ewigkeit zu Ewigkeit ist, mag der Tod uns zwar als endliche Wesen treffen, aber er wird uns nicht aus Gottes Hand reißen können.

Vertrauen wagen

Der wohl intensivste Vertrauenstext in der westlichen Literatur ist der Psalm 23. Es war der Lieblingspsalm meiner Schwiegermutter und sie hatte sich diesen Text für ihre Beerdigung gewünscht. Ich hatte am Abend davor ein Konzert in einer sehr hellen Kirche und war frühzeitig fertig mit meinen Vorbereitungen. Es waren noch keine Zuhörer da – an ihrer Stelle jedoch besuchten die letzten Strahlen der untergehenden Sonne den Platz vor dem Altar, wo ich stand. Sie tauchten den Ort in ein kostbares Licht. Intuitiv und ohne nachzudenken nahm ich meine Gitarre, und als ob auf den Lichtstrahlen eine kleine Melodie dahergetanzt käme, hatte ich plötzlich den Gedanken an meine Schwiegermutter zusammen mit den Worten des 23. Psalms im Herzen – und eine Melodie im Ohr:

Der Herr ist mein Hirte, mir wird nichts mangeln.
Er weidet mich auf einer grünen Aue
und führt mich zum frischen Wasser.
Er erfrischt meine Seele
und führt mich auf rechter Straße
um seines Namens willen.
Und ob ich schon wanderte im finsteren Tal,
fürchte ich kein Unglück,
denn du bist bei mir,
dein Stecken und Stab trösten mich.
Du bereitest vor mir einen Tisch
im Angesicht meiner Feinde,
du salbst mein Haupt mit Öl
und schenkst mir voll ein.
Gutes und Barmherzigkeit
werden mir folgen mein Leben lang,
und ich werde bleiben im Hause des Herrn immerdar.

Es dauerte keine fünf Minuten, bis ich dieses Lied »geschrieben« hatte – oder besser: bis ich es empfangen durfte. Einige Zeit später erkrankte der Vater einer Freundin von mir schwer. Obwohl er kein großer Musikliebhaber war, gewöhnten er und seine Frau sich an, dieses Lied jeden Abend miteinander zu hören. Sie fanden Trost in den Worten und der Musik und sie bargen sich in der Gewissheit, bei Gott aufgehoben zu sein – jeder für sich und sie zusammen miteinander. Nachdem ihr Mann gestorben war, rief mich die Mutter meiner Freundin an und erzählte mir, dass dieses Lied – dieser Psalm – ihren Mann durch die Pforte des Todes begleitet hatte und sie selbst immer noch Trost in dieser Melodie fände. Wie gut muss es sein, mit stärkenden Worten und harmonischen Klängen hinüberzugehen in die andere Welt, bis die noch schöneren Gesänge der Engel uns umfangen und mit hineinnehmen in die Wirklichkeit Gottes?

Heimkehren

Für die Kelten waren diese und die jenseitige Welt zwei Bereiche, die vielfach miteinander verbunden und ineinander verflochten sind. Der Tod war nicht in erster Linie ein schreckliches oder furchtbares Ereignis, sondern vielmehr ein Geheimnis. Wer über seine Schwelle schritt, betrat ein Land, in dem es keinen Schatten, keine Dunkelheit und keinen Schmerz mehr gab. Ein altes keltisches Gebet an den Tod verbindet die Natur im Laufe der Jahreszeiten mit der Gegenwart in der anderen Welt:

Ich kehre heim mit dir, in dein Haus, in dein Haus,
ich kehre heim mit dir, in dein Haus aus Winter.
Ich kehre heim mit dir, in dein Haus, in dein Haus,
ich kehre heim mit dir, in dein Haus aus Herbst, aus Frühling und aus Sommer.
Ich kehre heim zu dir, zu deinem Kind meiner Liebe,
   zu deinem ewigen Bett,
   deinem immerwährenden Schlaf.[42]

Die mantraartige Wiederholung der Hauptaussage »Ich kehre heim mit dir« vergewissert den Beter wie eine Beschwörung, dass der Tod nichts anderes ist als eine Heimkehr. Wir kommen aus dem Unbekannten, Gestaltlosen und werden geboren – und wir kehren zurück.

Den Tod als Geheimnis beschreibt auch der Philosoph Manuel Levinas, wenn er sagt:

»Der Tod nähert sich mir als Mysterium; Geheimnis sein ist seine Bestimmung. Er nähert sich, ohne je fassbar werden zu können …«[43]

Es gefällt mir, vom Tod als Geheimnis zu denken. Denn der Tod ist eine Grenze, die es gar nicht gibt – zumindest nicht objektiv, sondern nur aus unserer Perspektive gesehen. Vielleicht kann ich es so formulieren: Wir sehen nur die eine Seite des Todes: den Abschied, das Ende, den Schmerz über den Verlust.

Aber wir ahnen, dass es da noch eine andere, eine hellere Seite gibt. Der Tod ist die Pforte in unsere lichtvolle Präsenz, er ist die Tür zur Wirklichkeit Gottes, die schon in unserem Leben, mitten in unserer Welt, beginnt. Der Tod ist die Geburt in unser größeres Sein. Wenn wir diese Pforte überschreiten, werden wir sehen, was wir jetzt nur ahnen können: Es gibt gar kein Diesseits und Jenseits, unsere Welt ist nicht geteilt, sondern eins. Was wir als Teilung, als Grenze empfinden, ist nur das Ende unseres eigenen Horizonts. Wenn wir sterben, betreten wir nicht ein Jenseits, sondern unser Diesseits wird entgrenzt, unsere Wahrnehmung wird weiter und unser Blick wird tiefer in die Hintergründe eindringen. Ich werde Gottes Geheimnis in einer ganz neuen Weise sehen und das Geheimnis ergründen, das ich selbst bin. Paulus findet für dieses Phänomen wunderbar prägnante Worte: »Wir sehen jetzt durch einen Spiegel ein dunkles Bild, dann aber von Angesicht zu Angesicht. Jetzt erkenne ich stückweise; dann aber werde ich erkennen, wie ich erkannt bin« (1. Korinther 13,12).

Jenseits des Horizonts

Unsere Welt ist eine Einheit und nur mein begrenzter Horizont teilt sie ein in das, was ich sehe, spüre und mit meinen Sinnen wahrnehme, und das, was jenseits dieser Grenzen liegt. John O'Donohue erzählt, dass er als Kind immer wieder fasziniert zu dem Berg aufblickte, an dessen Fuß sich ihr Hof befand. Er träumte davon, groß genug zu sein, um mit seinem Onkel diesen Berg zu besteigen. Dann würde er die ganze Welt sehen können. Tatsächlich kam bald der Tag, an dem sein Onkel Schafe über den Berg trieb und ihn mitnahm. Als der große Moment auf dem Gipfel kam, war der kleine John enttäuscht: Er konnte zwar weit sehen, aber sein Blick war dennoch von einem Horizont begrenzt, hinter dem eine neue, unbekannte Welt lag, die wiederum durch einen Horizont begrenzt sein würde.[44]

So geht es uns täglich: Manchmal sehen wir weit, manchmal nur das, was vor Augen liegt. Einen Baum, der mir nahe ist, sehe ich klar und deutlich. Den Baum, der etwas weiter weg steht, sehe ich weicher, seine Formen zerfließen schon ein wenig. Und den dritten Baum am Horizont kann ich nur noch erahnen. Dass aber hinter dem Horizont ein ganzer Wald mit wunderbaren Bäumen steht, entzieht sich meinem Sehen. Die Worte Diesseits und Jenseits haben keine Bedeutung für die Struktur unserer Welt, sondern nur für die Begrenztheit unserer Wahrnehmung. Wir ahnen, dass es bei Weitem nicht alles ist, was die Wissenschaft heute als unsere Welt beschreibt. Bis hin zu den 25 Dimensionen, von denen die Physiker sprechen, ja bis hin in die Gefilde der Engel und der Verstorbenen, haben wir eine Welt.

Jörg Zink hat einen lustigen Vergleich für unsere begrenzte Vorstellung von der jenseitigen Welt: »Wenn ich einem Goldfisch ein Gedicht von Hölderlin vorlese, so darf ich sicher sein, dass es für ihn jenseitig bleibt. Es findet in seinem Diesseits keine Resonanz. Es dringt nicht bis zu ihm durch. Er steht dem Gedicht in der ahnungslosen Ferne gegenüber, in der wir Menschen etwa dem Gesang der Engel ahnungslos gegenüberstehen.«[45]

Jedes Geschöpf, jeder Mensch, hat seine eigene Welt mit ihren eigenen Grenzen. Unsere Sinne und unsere Ahnungen haben verschiedene Reichweiten. Spiritualität ist der Versuch, uns in die Welt jenseits unserer sinnlichen Grenzen hineinzufühlen, hineinzubeten, hineinzuahnen.

Wenn wir sterben, erleben wir eine Horizontverschiebung. Unsere Wahrnehmung weitet sich, wir »sehen« mehr und betreten einen Raum, von dessen Existenz wir vorher nur glaubend sprechen konnten – dann aber werden wir ihn erfahren. Und dieser Raum wird unendlich viel größer, lichtvoller und schöner sein, als wir es hier zu denken wagen.

Ein großer Tanz

Wir können unsere Welt begreifen als einen großen Tanz von Kräften, Energien und Bewegungen, die manchmal diesseits und manchmal jenseits unserer Erkenntnisgrenzen liegen. Zu manchen Zeiten und an manchen Orten werden diese Grenzen dünn und transparent und manchen empfindsamen Menschen werden dann Blicke in die andere Wirklichkeit geschenkt. Durch diese Grenzen hindurch kann etwas zu uns gelangen und wir können durch sie hindurch ahnen, schauen, hoffen und glauben. Wichtig ist, dass wir unsere Grenzen annehmen und nicht versuchen, sie durch Manipulation künstlich hinauszuschieben. Wenn uns ein Blick in die andere Welt erlaubt ist, dann wird er ein Geschenk sein.

Ich finde den Gedanken tröstend, dass wir nicht alleine sind, wenn wir Gott loben. Wir stimmen ein in einen Lobgesang, der schon erklang, als wir noch nicht waren, und den es noch geben wird, wenn wir schon lange nicht mehr sind. Er verbindet uns nicht nur horizontal mit allen Gläubigen auf der ganzen Welt, sondern auch vertikal durch die Zeiten mit unseren Vätern und Müttern im Glauben. Ja, er führt uns sogar hinein in das Lob der Engel, die außerhalb der Dimension Zeit sind.

Ein Funken Licht

Das sogenannte Vorbereitungsgebet zur Eucharistie hat für den Segen des Lobens alte und machtvolle Worte:

> Wahrhaft recht ist es, billig und heilsam,
> dass wir dich, barmherziger Herr, allmächtiger Vater,
>   ewiger Gott
> zu allen Zeiten und an allen Orten loben und dir danken
> durch Jesus Christus, unsern Herrn.
> Ihn hast du der Welt zum Heil gesandt,

damit wir durch seinen Tod Vergebung der Sünde
und durch seine Auferstehung das Leben haben.
Darum loben die Engel deine Herrlichkeit,
beten dich an die Mächte und fürchten dich alle Gewalten.
Dich preisen die Kräfte des Himmels mit einhelligem
   Jubel,
mit ihnen lass auch unsere Stimmen sich vereinen
und ohne Ende bekennen:
Heilig, heilig, heilig ist der Herr Zebaoth.

Zwei Gedanken aus diesem alten Hymnus möchte ich gerne
vertiefen: Gott zu loben zu allen Zeiten und an allen Orten
klingt fromm und es geht leicht über die Lippen. Aber wie
schwer ist es im Leben! Natürlich fällt es leicht, ihn zu loben,
wenn wir aus dem Füllhorn des Lebens trinken dürfen. Während ich diese Zeilen schreibe, sitze ich gerade in einem wunderbaren Schloss am Rhein und bin zu Gast in einer Kommu-
nität, die Freunde von mir mitbegründet haben. Die Sonne
glitzert auf dem Wasser und Raureif bedeckt die Wiesen. Ich
habe alles, was ich brauche: Speise, Trank, Muße zum Schreiben, Freunde in der Nähe und ein herrliches Umfeld. Ich
möchte singen und tanzen und von Gottes Güte erzählen.
Aber will ich das auch, wenn sich mir das Leben von seiner anderen, von der dunklen Seite zeigt? Kann ich Gott loben,
wenn ich am offenen Grab eines lieben Menschen stehe? Kann
ich ihn preisen, wenn mir eine schlimme Krankheit diagnosti-
ziert wird? Kann ich ihm singen, wenn ich mich einsam und
verlassen fühle, wenn ich ohne Arbeit bin und ohne Anerkennung? Kann ich Gott danken, wenn ich an meiner Leistungs-
grenze bin und merke, wie ich mit noch mehr Krafteinsatz einfach nicht weiterkomme – wie ich immer mehr verdorre und
ausbrenne? Der Hymnus sagt: Zu allen Zeiten und an allen
Orten! Ich denke, es ist ungnädig, wenn wir in einer solchen
Situation von uns erwarten, fröhlich zu loben und aufrecht zu
danken. Die Worte werden uns im Hals stecken bleiben und

schal schmecken. Aber wir können versuchen, in alten Gebeten und überlieferten Worten Gott zu danken – auch wenn wir diesen Dank im Moment nicht recht spüren wollen. Das Lob und der Dank führen uns über das Tal der Traurigkeit hinaus – sie weisen in eine andere Wirklichkeit, der wir auch schon einmal in unserem Leben begegnet sind. Sie fixieren uns nicht im Moment unserer Klage, sondern transzendieren ihn. Wenn wir über den Verlust eines Menschen trauern, ist es recht und billig, zu klagen und zu weinen. Und: Es ist angemessen, zu danken für die kostbare Zeit, die uns mit ihm geschenkt war, für die Güte und das Schöne in seinem/ihrem Leben, das wir teilen durften. Wenn wir von einer Krankheit heimgesucht werden, dürfen wir uns um unser leibliches Wohl sorgen (das sollten wir zu allen Zeiten!). Und: Wir können dankbar sein für die treuen Dienste, die uns unser Körper bisher erwiesen hat. So wird es in jeder dunklen Situation auch einen kleinen Funken Licht geben. Wenn wir auf ihn achten, kann es sogar geschehen, dass dieser Funke die ganze Dunkelheit durchdringt. Die Macht der Gedanken ist groß und ich selber entscheide, ob ich mich den destruktiven Kräften hingebe oder ihnen einen lichtvollen Gedanken entgegensetze.

Ich habe einmal an einem Tanzworkshop teilgenommen. Die Leiterin bat uns im Laufe des Tanzes, uns einen dunklen Gedanken vorzustellen oder über etwas wütend zu sein, das uns aufregt. Dabei sollten wir unseren Kopf nach unten neigen und zu Boden blicken. Ich spürte, wie die Macht des Gedankens zunahm und ich wurde wirklich wütend. Dann bat sie uns, den gleichen Gedanken zu denken, aber den Blick nach oben in den freien Himmel zu wenden. Wir taten es und ein kleines Wunder geschah: Ich konnte mir zwar den Gedanken noch vorstellen, aber das Gefühl, das mit ihm verbunden war, die Wut, wollte sich einfach nicht einstellen. Auch den anderen Teilnehmern erging es so. Allein mit unserer Körperhaltung können wir die destruktiven Momente verstärken oder lindern.

Das Leben ist stärker

Einen zweiten Gedanken aus dem Gebet möchte ich vertiefen:

Im Zentrum des Gebets heißt es: Christus wurde der Welt (nicht nur den Menschen!) zum Heil gesandt; durch seinen Tod wird die Macht der Sünde gebrochen und durch seine Auferstehung sollen wir das Leben haben. Hier erklingt die Sprache der Mystik und wir sind eingeladen, uns in das Geheimnis dieses Geschehens hineinzuspüren:

Wie ich schon weiter vorne betonte, bezeichnet die Sünde nicht zuerst einzelne Verfehlungen und sie ist kein moralischer Begriff. Das theologische Verständnis von Sünde ist Trennung, Spaltung, Entzweiung. Kein Moment in unserem Leben ist wohl so stark von Trennung geprägt wie der Moment unseres Todes. Die Bibel sagt pointiert: Die Folge der Sünde ist der Tod. Wir werden abgeschnitten vom Faden des Lebens, zumindest des Lebens, wie wir es hier kennen und lieben gelernt haben. Der Tod ist also der Moment der Sünde *par excellence*.

Weil sich nun Gott selbst an den Ort des Todes begibt und ihn erleidet, ist der Tod fortan kein gottverlassener Ort mehr. Er hat seine Macht verloren, weil er uns nicht mehr von Gott, und damit von unserem wahren Leben trennen kann. Endgültig besiegelt wird dieser Sieg durch die Auferstehung. Sie ist das große Ausrufezeichen: Seht, das Leben ist stärker! Und: Sie gilt auch uns! Dabei ist die Frage, ob das Grab Jesu leer war, ziemlich unwichtig. Die Auferstehung ist nichts, was sich auf dieser Seite unserer Wirklichkeit vollzieht. Sie ist ganz und gar Gottes Werk und sie ist nicht historisch belegbar. Sehr wohl geschichtlich verbürgt ist jedoch der Auferstehungsglaube der ersten Jünger. Woher nahm diese versprengte und verängstigte Gemeinschaft nach dem Tod ihres Meisters die Gewissheit, dass Gottes Geschichte mit ihm nicht am Karfreitag zu Ende ging? Die Evangelien erzählen übereinstimmend, dass der Gekreuzigte seinen Jüngern mehrmals erschien, sie tröstete und sie beauftragte, seine Botschaft weiterzutragen. Auch hier ist es wieder wichtig, daran zu erinnern, dass die Evangelien keine Tatsachenberichte sind, sondern Glaubenszeugnisse. Und als solche sind sie unendlich viel kostbarer: Sie laden uns ein, den Weg der Jünger von der Trauer zur Auferstehungshoffnung mitzugehen. Das wird uns nur gelingen, wenn wir unsere Skepsis überwinden können und unseren diesseitigen Blick weiten. Wer die Erfahrung der Jünger für fromme Fabeln oder psychologisch motivierte Legenden hält, wird diesen Weg nicht mitgehen können. Wir können von dieser Seite des Lebens aus nicht beschreiben, wie Auferstehung geschieht. Aber wir werden rechtzeitig Klarheit darüber gewinnen, nämlich dann, wenn sie an uns geschieht. Bis dahin haben wir nichts als die Hoffnung. Und die ist ein unendlich großes Geschenk.

Sein wie die Engel

Es gibt in den Evangelien eine Notiz über eine Begegnung der Skeptiker mit Jesus. Die jüdische, aristokratische Partei der Sadduzäer glaubte nicht an ein Leben nach dem Tod. Das war etwas für die Armen, die hier in dieser Welt benachteiligt waren und denen man schlauerweise ein wundervolles Leben nach dem Tod vorgaukelte, damit sie sich hier in ihr ausgebeutetes Leben fügten. Der Führer der *Black-Muslim*-Bewegung im Amerika der Sechzigerjahre, Malcolm X, hat ironisch vom *»pie in the sky«* gesprochen, vom Apfelkuchen im Himmel. Damit ließen sich die schwarzen Sklaven jahrhundertelang abspeisen, während die weißen Großgrundbesitzer schon hier und jetzt schlemmten und ihren Apfelkuchen tüchtig mit Sherry tränkten! Um Jesus aufs Glatteis zu führen, konstruieren die Sadduzäer eine ziemlich wirre Story. Es gab ein jüdisches Gesetz mit folgendem Inhalt: Wenn ein Mann starb, ohne mit seiner Frau Nachkommen gezeugt zu haben, sollte sein Bruder sie ehelichen und mit ihr, stellvertretend für den Verstorbenen, Kinder zeugen. Was uns heute als recht seltsam

136

erscheint, war damals eine fürsorgliche Regelung zur Altersversorgung der kinderlosen Witwe. Nun denken sich die Sadduzäer folgendes Konstrukt aus: Ein Mann stirbt und hinterlässt seine Frau ohne Kinder. Sein Bruder heiratet sie und stirbt ebenfalls. Und genauso ergeht es weiteren fünf Brüdern. Als nun auch die Frau tot ist und die Auferstehung kommt, ja, wessen Frau wird sie denn dann sein, da sie doch mit allen sieben Brüdern verheiratet war?

Das haben die Sadduzäer ja geschickt eingefädelt! Sie spielen mit der Sehnsucht der Menschen, in der anderen Welt wieder vereint zu sein mit ihren Lieben. Und wer von uns würde sich das nicht wünschen?

Jesus erkennt die Falle und lässt die Frage ins Leere laufen, indem er eine geheimnisvolle Antwort gibt: »Wenn die Menschen von den Toten auferstehen werden, werden sie weder heiraten noch sich heiraten lassen, sondern sie werden sein wie die Engel im Himmel.«

Meint Jesus damit, dass wir nicht als Männer und Frauen auferstehen werden? Welches Geschlecht haben Engel? Wir spüren, dass diese Fragen unangemessen sind.

Um eine Ahnung einer Antwort zu bekommen, ist es hilfreicher zu überlegen, was denn die Engel ausmacht. Dreierlei fällt mir dabei ein:

Für die Engel existiert die Trennung zwischen Diesseits und Jenseits nicht, die für uns gilt. Sie bewegen sich frei zwischen den Dimensionen. Auch wir werden in einer größeren Welt leben und unser Horizont wird unendlich viel weiter und unser Blick viel tiefer sein. Allein mit dieser Eigenschaft der Engel ausgestattet, wird uns die Frage der Sadduzäer als kleinlich und lächerlich erscheinen.

Die Engel sind frei von jeglichem Bedürfnis nach Besitz. Sie leben ganz im Sein und die Kategorie des Habens ist ihnen fremd. Nun stammt aber das Gesetz, das der juristische Hintergrund für die konstruierte Geschichte der Frau mit den sieben Männern ist, gänzlich aus dem menschlichen Bedürfnis nach materieller Sicherheit. Diese werden wir nicht mehr brauchen in der anderen Welt, weil wir dann eine andere Bestimmung erhalten haben.

Die Bestimmung der Engel ist es, Gott zu loben: für ihn zu singen, zu musizieren, zu tanzen und sich an seiner Schönheit zu freuen. Wer dabei fürchtet, dass das ganz schön langweilig werden könnte, wie es der Münchner im Himmel tut, der lieber seine Maß Bier trinkt, als »Luja« zu singen, hat natürlich keinen Schimmer von der Größe wahrer Musik. Wir werden diese Bestimmung teilen und unsere Sehnsucht nach dem Einssein, die in dieser Welt hier erotische Wege sucht, wird in der Welt dort geweitet sein: Nicht mehr die Einheit zweier Menschen, sondern die Einheit mit allen Wesen und schließlich mit Gott selbst wird unser Ziel sein.

Ein fröhlicher Alter

Schon jetzt können wir uns einüben in diese Bestimmung, indem wir uns zwar an den Gütern dieser Welt freuen, aber nicht abhängig sind von ihnen. In verschiedenen Lebensphasen stellen sich uns verschiedene Aufgaben: In unserer Jugend müssen wir lernen, Wissen aufzunehmen und Klarheit zu erlangen über den beruflichen Weg, den wir einschlagen wollen. In unseren mittleren Jahren werden wir die materiellen Voraussetzungen schaffen, damit wir und unsere Familie versorgt sind. Bisher ging es also darum, zu sammeln und zu mehren: Wissen, Besitz, Ansehen. Wenn wir älter werden, stellt sich uns eine ungleich schwerere Aufgabe: All das, was wir mühevoll angesammelt haben, sollen wir nach und nach wieder loslassen. Das beginnt mit so manchen Gewissheiten, die bisher pragmatisch waren. Unser erweiterter Lebens- und Erfahrungshorizont wird so manches Urteil infrage stellen. Wenn wir Weisheit erlangen, werden wir deutlicher die Ambivalenz vieler Dinge sehen, über die wir früher eindeutig und klar geurteilt haben. Aus manchen lieb ge-

Manchmal müssen wir
den holprigen, steinigen Gassen folgen
um die verheißungsvollen Farben
des Sonnenaufgangs genießen zu können

Manchmal werden die Wege zu Pfaden
die uns einen weiten Blick
in die Ferne und Freiheit ermöglichen
und unser Herz wieder lebendiger schlagen lassen

Manchmal breitet sich die Fülle des Lebens
nur vor uns aus
im Weggehen und Loslassen

Anja Erz-Holschuh

wonnenen Vorstellungen werden wir ausziehen müssen. Wer solchen älteren Menschen begegnet, bekommt eine Ahnung von Weite und Milde, die sich mit dem Alter einstellen kann. Wer diese Aufgabe verpasst, läuft Gefahr, zum starrsinnigen Alten zu werden, der verkrampft an seinen zu eng gewordenen Überzeugungen festhält. Es hat mich beeindruckt, als mein Onkel an seinem 50. Geburtstag verkündete, dass sein Ziel in den nächsten 20 Jahren sei, ein »fröhlicher Alter« zu werden. Solche Menschen können es sich leisten, fünf einmal gerade sein zu lassen und über einiges zu lächeln, worüber wir uns in jüngeren Jahren vielleicht noch aufregen. Und dann werden wir natürlich auch nach und nach unseren angehäuften Besitz verringern. Gerade für Sammlernaturen ist dies nicht leicht, verbinden sie doch mit jedem Stück eine Geschichte oder ein Erlebnis. Aber nur zu Lebzeiten haben wir die Chance, Dinge, die uns wertvoll sind, an Menschen weiterzugeben, die ihren Wert selbst auch schätzen können: Warme Hände schenken besser! Ein Pfarrerskollege hat viele Menschen beim Sterben begleitet. Er machte dabei eine deutliche Beobachtung: Wer schon zu Lebzeiten gelernt hatte, loszulassen, konnte entspannt und friedlich seine letzte Reise antreten. Wer aber allzu sehr mit Irdischem verbunden war und sich ums Materielle sorgte, dessen Hände krallten sich ins Bettlaken, als wenn er das Leben selbst festhalten wollte.

Die Eltern einer Bekannten haben kurz nach ihrer Pensionierung einen bewussten, schweren Schritt getan: Sie haben ihr großzügiges Haus verkauft und sind weit weggezogen, in die Nachbarstadt ihrer Tochter und Enkelkinder. Dort haben sie eine kleine Wohnung bezogen. Der schwierigste Abschied für sie war, ihre vielen Freunde und vor allem ihre Gemeinde in ihrem alten Ort zurückzulassen. Nun waren sie aber frei von Sorgen um Haus und Hof und von gesellschaftlichen Verpflichtungen und ehrenamtlichem Engagement. Sie nutzten diese Freiheit, um ganz neu ihre Beziehung zueinander zu entdecken, um viel Zeit mit ihren Enkeln zu verbringen und die neue, wunderbare Landschaft an den Ausläufern des Schwarzwaldes kennenzulernen. Es war nicht immer leicht und es gab auch Konflikte. Aber nun haben sie bereits eine große Einübung in die Kunst des Loslassens vollbracht und fühlen sich frei und gesund. Und sie sind ein Segen für ihre Familie und ihren neuen Ort!

Loslassen und entgrenzt werden

Loslassen ist nichts, das sich allein auf unsere alten Tage beschränkt. Immer wieder machen wir zu jeder Lebenszeit Erfahrungen mit dem Abschiednehmen. Wenn wir dies bewusst gestalten, werden auch wir uns in diese Kunst einüben.

Vor einiger Zeit zerbrach in mir das Bild, das ich mir von einem Menschen gemacht hatte, der mir wichtig war. Ich könnte auch sagen: Dieser Mensch hat mich sehr enttäuscht. Aber damit würde ich die Rolle des Opfers einnehmen. Ich habe dagegen lieber versucht, diesen Menschen frei seinen eigenen Weg gehen zu lassen. Dazu gehörte auch, anzunehmen, dass sich unsere Wege nicht mehr kreuzen würden. Das war nicht leicht für mich und ich musste einige Zeit trauern um die verheißungsvollen Möglichkeiten, die damit auch loszulassen waren. Als es mir schließlich gelungen war, fühlte ich mich leichter und freier. Nun konnte ich sogar diesen Menschen liebevoll betrachten und ihm alles Gute und Segensreiche für seinen eigenen Weg wünschen. Ich war sogar ein wenig stolz darauf, dass sich durch diese schwierige Übung eine zärtliche Leichtigkeit bei mir eingestellt hatte, die allen Versuchungen der Bitterkeit oder des verletzten Stolzes widerstand, die mein Herz bedrängen könnten.

Ich entschied mich dafür, gegenüber gemeinsamen Bekannten nur gut von diesem Menschen zu reden, und spürte, wie mir das selber guttat.

Über den Zusammenhang zwischen Loslassen und Tod sagt John O'Donohue: »Indem wir lernen, loszulassen, uns nicht

ENGEL DER GELASSENHEIT

Du sollst lassen – so befahl er mir.
Und du kannst es auch – das sprach er mir zu.

Und mit einem gewaltigen Dröhnen,
als wenn die Wolken zerreißen,
und mit einem sprühenden Funkeln seiner Augen,
leuchtender als vierundzwanzig Kugelblitze,
breitete er seine majestätischen Flügel über mich,
sodass das Rot des Himmels nicht mehr zu sehen war
und auch die silberne Scheibe verschwand.
Und er stand vor mir als der große Engel der Gelassenheit.
Vielleicht der größte Engel, imposant und mächtig und
    Furcht erregend.

Und er ließ los und sie fielen und fielen und fielen,
ganz ohne das Gesetz der Schwerkraft,
sondern von selbst fielen seine gewaltigen Schwingen,
sie schwebten zur Erde, die sanft sie empfing,
wie eine Frau ihren Geliebten.

Und immer noch war er da:
Kaum noch zu sehen, aber ich spürte ihn;
und ich wusste, dass seine Macht nun stärker war als zuvor.
Und er würde sie nicht missbrauchen.
Und seine wahre Größe überragte alles,
und war doch nur für die zu sehen, die zu lassen gelernt
    hatten.
Da fing auch ich an loszulassen.
Und es war ungleich schwerer als zu erwerben, zu bauen,
    zu schaffen und zu besitzen.
Und in all der Schwere des Lassens spürte ich eine zärtliche
    Leichtigkeit.
Mit einem Lächeln berührte sie mich und nahm mir alles:
meine ehrgeizigen Pläne, meine turmhohen Ideen.

Schmerz durchzuckte mich, als sie auch die Menschen
  berührte,
die ich um mich versammelt hatte: Auch sie sollte ich
  lassen!
Und der Engel erschien mir plötzlich hart und unbarm-
  herzig.
Und seine Stimme erfüllte nun jede Faser,
sodass ich meine Ohren nicht verschließen und mein
  Antlitz nicht verbergen konnte.

Und da ließ ich los, ich entließ die Menschen aus dem
  Kreis um mich,
und als ich sie ließ, siehe, da gewann ich sie.
Und sie erschienen mir schöner als zuvor,
denn sie waren nun befreit von dem Bild, das ich mir von
  ihnen gemacht hatte.
Und sie sagten mir, auch ich sei schöner geworden,
aufrecht gehend nun, mit Blicken voll Zärtlichkeit und
  einer Sprache der Ehrlichkeit.
Und als ich mich verwandelte, da ließ ich auch mein
  Leben.
Ein letztes Mal berührte mich der Engel der Gelassenheit
Und ich wurde wie er.

Andy Lang

an Dinge, Meinungen und Überzeugungen zu klammern, schaffen wir in unserem Leben Raum für mehr Großzügigkeit, Offenheit, Atemfreiheit. Und stellen wir uns diese Befreiung in tausendfacher Intensität vor, so erhalten wir vielleicht eine vage Vorstellung vom Augenblick unseres Todes. Diese plötzliche Entgrenzung kann uns ein ganz neues Gefühl göttlicher Zugehörigkeit schenken.«

Der Tod ist der große Meister der Gelassenheit. Wenn wir uns schon hier immer wieder einmal in die Disziplin des Loslassens einüben, werden wir auch unseren Tod gelöster, vielleicht sogar heiter empfangen können.

In der Gegenwart wohnen

Wenn wir lernen, loszulassen, können wir im Jetzt leben. Der irische Dichter Patrick Kavanagh glaubt, dass unzählige Menschen eher damit beschäftigt seien, sich auf das Leben vorzubereiten, als es zu leben. Wenn wir Kinder sind, mag es in Ordnung sein, davon zu träumen, welche Möglichkeiten wir haben werden, wenn wir einmal groß sind. Aber wenn wir erwachsen werden, sollten wir damit aufhören, unser Leben zu verschieben. Wir haben auf dieser Erde nur eine Chance und wir können keinen einzigen Augenblick wiederholen, den wir vertan haben. Es ist uns bestimmt, die Gegenwart – und nur sie – zu bewohnen.

In meinem ersten Studiensemester lernte ich Martin kennen, einen 35-jährigen Juristen, Vater dreier Kinder, der jetzt, so wie ich, anfing Theologie zu studieren. Martin war der Inbegriff einer barocken Figur: ein großer, stattlicher Mann voller Lebenslust, begabt mit einer gewaltigen Stimme, die sich im Gesang zu wunderbaren Tenorhöhen emporschwang, beim Lachen aber dröhnte, als wenn sie allein die Mauern Jerichos zum Einsturz bringen könnte. Immer hatte er einen Scherz auf Lager, und wenn alle in unserem Kurs über die schier unlösbaren Geheimnisse der hebräischen Sprache stöhnten, saß er gelassen mit einem Zwinkern seiner Augen auf seinem Platz und war sich sicher, dass es größere Probleme gab als die des hebräischen Hitpaels (das ist eine komplizierte grammatikalische Erscheinung).

Eines Tages, als wir uns schon etwas vertraut waren, fragte ich ihn, warum er denn, als gestandener Jurist, noch Theologie studieren wolle, und auch, wie er das als Familienvater finanziell schaffte. Er lachte mich an und sagte, Theologie sei schon immer sein Traum gewesen und nun, da er eine Erwerbsunfähigkeitsrente erhielt, könne er sich diesen Traum endlich verwirklichen. Ich staunte: Martin, der Inbegriff der Lebenskraft, erwerbsunfähig? Dann erzählte er mir, dass er Krebs habe und die Ärzte ihn als unheilbar betrachteten. Als er sah, wie ich nach Worten rang, sagte er: Das ist schon in Ordnung so. Ich bin schon seit fünf Jahren krank und wenn man mich heute fragen würde, ob ich lieber ohne oder mit der Krankheit leben wollte, wüsste ich gar nicht, wie ich mich entscheiden sollte. Seit der Diagnose lebe ich viel bewusster und intensiver und jeder Tag ist für mich ein Geschenk, das ich in vollen Zügen genieße.

Ich erlebte mit Martin noch viele schöne Tage. Als wir uns nach dem Studium aus den Augen verloren hatten – es war ungefähr zehn Jahre nach unserer ersten Begegnung, rief ich eines Tages bei ihm an. Seine Frau war am Telefon und ich fragte nach ihm. Sie sagte: »Weißt du es nicht? Martin ist vor einem Jahr gestorben.« Ich war schockiert. Doch sie war ganz ruhig und sagte mir, dass sie beide noch eine schöne Zeit gehabt hätten, viel länger, als sie hatten hoffen dürfen. Und dass es Martin vergönnt gewesen war, seine Kinder groß werden zu sehen und schließlich friedlich gehen zu können.

Diese wunderbaren Menschen waren so sehr im Reinen mit sich, ihrem Leben und seinen Grenzen, dass sie allen um sich her Trost spendeten und ein Vorbild waren. Sie hatten es wirklicht geschafft, im Jetzt zu leben.

Ein schöner Tod

Ein irischer Priester erzählte von einem schönen Tod, den er miterleben durfte. Eine Freundin von ihm, eine schöne junge Frau, Mutter zweier Kinder, lag im Sterben. Als sie spürte, dass die Stunde des Todes näher rückte, wurde sie ganz unruhig und aufgeregt. Ihr Atem ging flach und ihre Züge waren angespannt. Da betete ihr Gemeindepfarrer, der ebenfalls mit ihr befreundet war und an ihrem Sterbebett saß, um die richtigen Worte. Er dankte Gott, dass er sie mit so viel Güte und Schönheit gesegnet hatte. Dass sie eine liebevolle Mutter war und eine treue Freundin. Dass alle Menschen nur Gutes von ihr erfahren hatten. Er erzählte ihr, dass sie keine Angst zu haben brauchte, denn wo sie hinging, erwartete sie ein warmes Licht und eine wunderbare Musik. Gott selbst würde an der Pforte auf sie warten und sie schließlich liebevoll in seine Arme schließen und an sein Herz drücken, aus dem sie gekommen war. Sie durfte zurück nach Hause. Während er sprach, wurde sie ganz ruhig und schließlich breitete sich eine fröhliche Heiterkeit über sie, wie sie selten ist im Leben. Dann ging der Pfarrer auf den Gang, wo die Familie ängstlich wartete, und sagte, dass sie sich nun verabschieden sollten. Jeder durfte fünf bis zehn Minuten bei ihr sein. Sie sollten sich davor hüten, die Sterbende mit ihrem Schmerz zu belasten, sondern sollten ihre ganze Kraft darauf konzentrieren, ihr den Weg so leicht wie möglich zu machen. Sie sollten ihr sagen, wie sehr sie geliebt wurde und was sie Gutes an ihnen getan hatte. Raum für den Schmerz gab es später. Alle gingen hinein und trösteten und segneten die Sterbende. Und auch wenn sie erschüttert wieder herauskamen, war es ihnen doch gelungen, ihrer Tochter, Mutter und Frau kostbare Gaben mit auf die Reise zu geben: Liebe, Bestätigung und Anerkennung.

Schließlich wurde sie mit dem Salböl gesalbt und die Sterbegebete wurden gesprochen. Unter dem Gesang ihrer Lieben trat sie die letzte Reise an, die sie nur allein gehen konnte. Heiterkeit, Frieden und ein Gefühl der Freiheit wird denen geschenkt, die sich dem Bruder Tod hingeben können im Vertrauen auf die große väterliche und mütterliche Hand, die sie auf der anderen Seite erwartet.

Die Seele küsst den Körper

Es ist äußerst wichtig, einen Sterbenden auf seinem Weg nicht alleinzulassen. Doch wenn der Tod eingetreten ist, ist das Sterben noch nicht beendet. Deswegen ist auch die Tradition der Totenwache, die in Irland noch lebendig ist, sehr segensreich. Angehörige und Nachbarn leisten dem Verstorbenen Gesellschaft während der ersten Stunden seiner ewigen Verwandlung. Wer schon einmal bei einem Toten gewacht hat, bemerkt, dass sich der Körper nur langsam verändert. Es dauert eine ganze Weile, bis uns der Leichnam nur noch als leere Hülle erscheint. Dem entspricht die Ahnung, dass wir unser Leben nicht mit einem Hauch ausatmen, sondern einige Zeit brauchen, um uns von dem Körper zu lösen, der uns zeitlebens so treu gedient hat. Wenn wir diesen Prozess beschreiben wollen, geraten wir auf ein schwieriges Terrain. Ich möchte hier noch einmal festhalten, dass in der keltischen Vorstellung genauso wie im Alten Testament der Körper und die Seele eine Einheit bilden. Erst zu Beginn der jungen Kirche hat sich das heidnisch-griechische Denken durchgesetzt, dass die Seele eine vom Körper ganz unabhängige Größe darstellt. Wenn ich hier von Seele, von der »*nefäsch*«, rede, meine ich damit den göttlichen Hauch, der unser Leben ausmacht und in dem unsere Identität geborgen ist. Wir dürfen entgegen der landläufigen Meinung die Seele also nicht als ein feinstoffliches Etwas verstehen, das bei unserem Tod »davonfliegt«. Sie ist vielmehr Gottes Werk, das sich zu unseren Lebzeiten untrennbar in unserem Körper manifestiert. Es ist unsere Erfahrung, dass sich der Körper auflöst und zu Staub wird. Und es ist unsere Hoffnung, dass unser Leben dennoch bei Gott geborgen ist. Wir sollten diese Trennung nur mit dem größten Respekt vor unserem Körper denken. Wer gering vom irdischen Leib denkt, wird auch wenig von Gottes Schöpfung halten. Die katastrophalen Folgen dieser Irrlehre spüren wir heute, wenn wir mit ansehen (und mit verursachen), wie die Schöpfung unter dem gedankenlosen Umgang der Menschen mit ihr leidet und sich aufbäumt.

Es gibt eine schöne Erzählung aus der Provinz Munster von der Seele, die den Körper küsste:

> Ein Mann war gestorben und seine Seele verließ den Körper, um sich auf die Reise in die andere Welt zu begeben. An der Tür drehte sie sich noch einmal um und sah »ihren« Körper auf dem Bett liegen. Sie kehrte zurück und küsste ihn. Sie dankte ihm für seinen treuen Dienst und dass er eine so gute Herberge gewesen war. Sie sagte ihm, wie sehr sie sich über seine Freundlichkeit und Schönheit gefreut hatte. Da war es, als glühte der Körper von einem geheimnisvollen Feuer und als verabschiede und bedanke auch er sich bei ihr.[46]

Eine zärtliche Leichtigkeit

Als meine Schwiegermutter gestorben war, hielten ihre drei Töchter, ihr Mann und ich abwechselnd durch die ganze Nacht die Totenwache. Zu Beginn wurde sie gewaschen und frisch angezogen. Dann entzündeten wir zwei Kerzen und sangen gemeinsam einige der Lieder, die sie liebte. Schließlich sprachen wir stellvertretend für sie »ihren« Psalm 23 und gemeinsam das Vaterunser. Ich sprach einen Segen für sie und für uns. Und dann saßen wir abwechselnd teils schweigend, teils lesend an ihrem Bett, bis das Licht der Kerzen sich mit dem Licht des neuen Morgens vermischte.

Als der Arzt kam, der den Totenschein ausstellen sollte, und sah (oder mehr noch spürte), was geschehen war, sagte er, dass

Warum die Nacht fürchten,
warum sie nicht eher lieben,
wo sie es doch ist,
die die Sterne heraufführt.
Und wer weiß denn nicht,
dass in den finstersten Nächten
die Sterne sich schmücken
mit ihrer funkelndsten Pracht?

So schwarz wie die Nacht
ohne den kleinsten Lichtpunkt,
so sehr Nacht,
dass mich trotz der tiefen Liebe,
die ich der Nacht jederzeit
entgegenbringe,
Angst befällt.

Da hat sie mir ihr Geheimnis anvertraut:
Je mehr die Nacht Nacht ist,
umso schöner wird die Morgenröte,
die sie im Schoße trägt.[47]

Dom Helder Câmara

er auch gerne so begleitet sterben würde. Obwohl wir alle sehr traurig über ihren frühen Tod waren, hatte sich doch eine zärtliche Leichtigkeit eingestellt, weil wir wussten, dass sie und wir geborgen sind. Es war eine unglaublich wertvolle Erfahrung für mich, diesen Prozess miterleben und -gestalten zu dürfen. Die Angst vor meinem eigenen Tod hat sich dabei verwandelt. Und obwohl ich durchaus noch einige Jahre hier sein möchte, weiß ich, dass mir nichts Schreckliches geschehen kann, weil eine liebevolle Präsenz mich birgt und hält.

Wir können unsere Angst transformieren. Wenn wir sterben, kehren wir zurück in den Kreis unserer Zugehörigkeit. Geburt, Leben, Tod, Geburt, Leben. Die Zeit erscheint unserem westlichen Denken als eine Art Pfeil; einmal abgeschossen von der Hand des Bogenschützen wird sie niemals umkehren, sondern immer vorwärtseilen. Das ist aber nur die eine Seite der Wirklichkeit. Der keltische Geist begreift die Zeit als Kreis. Und ebenso wie sich die irische Landschaft allem Geraden, Systematischen zu verweigern scheint und sich im Runden, im Wiederkehrenden und in sanften Schwingungen ergießt, so ist die Zeit, von der anderen Seite des Lebens aus gesehen, der Kreis der Ewigkeit.

Die andere Geburt

Unser Tod ist zugleich unsere Geburt in die neue Welt. Der Schriftsteller Henry Nouwen hat diese Gewissheit in einer ungewöhnlichen Art meditiert. Seine Geschichte handelt von Zwillingen, Bruder und Schwester, die sich vor ihrer Geburt im Schoß ihrer Mutter unterhalten:

Die Schwester sagte zu ihrem Bruder: »Ich glaube an ein Leben nach der Geburt!« Ihr Bruder erhob lebhaft Einspruch: »Nein, nein, das hier ist alles. Hier ist es schön dunkel und warm, und wir brauchen uns lediglich an die

Nabelschnur zu halten, die uns ernährt.« Aber das Mädchen gab nicht nach: »Es muss doch mehr als diesen dunklen Ort geben; es muss anderswo etwas geben, wo Licht ist und wo man sich frei bewegen kann.« Aber sie konnte ihren Zwillingsbruder immer noch nicht überzeugen. Dann, nach längerem Schweigen, sagte sie zögernd: »Ich muss noch etwas sagen, aber ich fürchte, du wirst auch das nicht glauben: Ich glaube nämlich, dass wir eine Mutter haben!« Jetzt wurde ihr kleiner Bruder wütend: »Eine Mutter, eine Mutter!«, schrie er. »Was für Zeug redest du denn daher? Ich habe noch nie eine Mutter gesehen, und du auch nicht. Wer hat dir diese Idee in den Kopf gesetzt? Ich habe es dir doch schon gesagt: Dieser Ort ist alles, was es gibt! Warum willst du immer noch mehr? Hier ist es doch alles in allem gar nicht so übel. Wir haben alles, was wir brauchen. Seien wir also damit zufrieden.« Die kleine Schwester war von dieser Antwort ihres Bruders ziemlich erschlagen und wagte eine Zeit lang nichts mehr zu sagen. Aber sie konnte ihre Gedanken nicht einfach abschalten, und weil sonst niemand da war, mit dem sie hätte darüber sprechen können, sagte sie schließlich doch wieder: »Spürst du nicht ab und zu diesen Druck? Das ist doch immer wieder ganz unangenehm. Manchmal tut es richtig weh.« – »Ja«, gab er zur Antwort, »aber was soll das schon heißen?« Seine Schwester darauf: »Weißt du, ich glaube, dass dieses Wehtun dazu da ist, um uns auf einen anderen Ort vorzubereiten, wo es viel schöner ist als hier und wo wir unsere Mutter von Angesicht zu Angesicht sehen werden. Wird das nicht ganz aufregend sein?«

Ihr kleiner Bruder gab ihr keine Antwort mehr. Er hatte endgültig genug vom dummen Geschwätz seiner Schwester und dachte, am besten sei es, einfach nicht mehr auf sie zu achten und zu hoffen, sie würde ihn in Ruhe lassen.[48]

7. LICHT AM HORIZONT – ALLES IST EINS

Spiritualität ist der Versuch, uns in die Welt jenseits unserer sinnlichen Grenzen hineinzufühlen, zu beten, zu ahnen. Es ist eine seltsame Struktur unseres Lebens: Indem wir uns hingeben, wird uns alles geschenkt. Wenn wir lernen, loszulassen, werden wir mit vollen Händen empfangen. Wer sich selbst verschenkt, betritt den Raum des Glücks. Wer aufhört, recht zu haben, empfängt den Kuss der Weisheit. Wer Not, Mühe und Erschöpfung nicht scheut, genießt die Fülle des Lebens. Eins sein geschieht, wenn die Gegensätze versöhnt werden.

Verbunden sein

Wir alle kennen Momente der Verbundenheit: Wir fühlen uns eingebettet in unser Umfeld und geborgen im Kreis unseres Lebens. Auf einem Abendspaziergang im Winter habe ich – wie schon oft – den feuerroten Ball der versinkenden Sonne bewundert. Doch an jenem Abend bahnte sich etwas Besonderes an: Die Sonne tauchte den durch die Winterluft klar definierten Horizont in ein goldenes Licht. Ich stützte mich auf einen Stab und blieb lange Zeit stehen. Mein Atem ging mit dem Wind und ich spürte, wie ich eins war mit dieser Landschaft, die mir seit Kindertagen vertraut ist. Ich war glücklich. Ich war verbunden.

Eine ähnliche Erfahrung besingt meine Freundin Jeanine Noyes in ihrem Song »*Lean into you*«: Als junge Frau ging sie an einem stürmischen Herbsttag durch die Weiten der englischen *Midlands* schnurgerade auf einen Hügel zu. Sie stieg dabei über Weidezäune, durchquerte kleine Bäche und kletterte über Steinmauern, bis sie durchnässt und erschöpft auf dem

Gipfel des weithin sichtbaren Hügels angelangt war. Dort oben war der Wind um ein Vielfaches heftiger als in der Ebene, er war ein Sturm. Genau in diesem Moment wusste sie: Ich könnte jetzt einfach umkehren und heimgehen in die Wärme. Oder ich könnte meine Arme ausbreiten, mein Gewicht in den Wind legen und so verletzbar und erschöpft wie ich bin, mich dieser gewaltigen Präsenz aussetzen. Sie tat es. Sie wurde fast umgeweht und musste ihre ganze Kraft gegen den Wind stemmen. Und als sie dort aufgespannt zwischen Himmel und Erde stand, spürte sie mitten in diesem gewaltigen Sturm eine sanfte Berührung. Sie war in diesem Moment eins geworden und war Gott begegnet. Jahre später erst schrieb sie das Lied zu dieser Erfahrung und sein Titel kann sehr zweideutig übersetzt werden: *Lean into you* kann heißen: Ich berge mich in dir – oder auch: Ich setze mich dir aus. Beides gehört zueinander und das eine ist nicht ohne das andere zu haben. Immer jedoch wird es ein Wagnis bleiben.

Es gibt für sensible Menschen viele Gelegenheiten, in der Natur oder in der Begegnung mit den Mitmenschen Momente der Einheit zu erleben. Nie aber sind sie planbar. Wenn sie sich ereignen, sind sie Geschenk. Von den Hunderten von Sonnenuntergängen, die ich gesehen habe, barg nur der eine die mystische Erfahrung für mich. Und Jeanine hätte wohl ihren Sturmweg tausendmal wiederholen können, ohne jemals die gleiche Erfahrung noch einmal zu machen.

AM BLAUEN STEIN

Und plötzlich scheint der Frühling wieder nah
Hinter moosbewachsenen Baumriesen
hervorblinzelnd
streichelt er vorsichtig
das erste zarte Grün der Wiesen
und lässt sie in einem Meer von gelben Blüten baden
Federleicht umtanzt er einen am Wasser thronenden Stein
und zaubert in ihn einen Hauch von Blau
das unseren Augen schmeckt
Dann kitzelt uns ein frischer Wind
von sonnigem Blütenduft an der Nase
und zum ausgelassenen Gesang der Vögel
spielt das muntere Glucksen des Baches
unsere Melodie
Leise
wie die ersten zarten Knospen
lauschen wir uns hinein
ganz vertraut
und fühlen uns geborgen.

Anja Erz-Holschuh

Fenster zur Seele

Kostbar und einzigartig sind diese Momente der Verbundenheit. Wir spüren unsere Zerbrechlichkeit und sind ihr dennoch seltsam entrückt. Unsere normale Erfahrung ist eine andere: Jeder Mensch ist sein eigenes Universum in seiner
eigenen Welt. Wir sind jeder für sich ein Geheimnis, das wir
weder selbst durchdringen noch unserem Gegenüber gänzlich
offenbaren können – selbst, wenn wir es wollten. Unsere Person wird begrenzt durch die Konturen unseres Körpers und
seiner Aura. Unsere geheimnisvolle innere Welt zeichnet sich
zwar zaghaft in unseren Zügen, vor allem in unserem Gesicht
ab, aber sie wird sogar uns selbst nie gänzlich erschlossen sein.
Wenn wir einem anderen Menschen begegnen, kommt eine
neue Welt mit ihren eigenen Geheimnissen auf uns zu. Selbst
bei einer echten, tiefen Begegnung und sogar nach jahrelanger
Begleitung unseres Freundes bleibt immer ein Rest an Fremdheit, den wir in den vertrauten, intimen Momenten unserer
Begegnung vergessen. Die Augen sind die Fenster zur Seele.
Ein wahrhaftiger Blick kann mehr offenbaren von dem, was
uns im Innersten bewegt, als 1000 Worte. John O'Donohue
sagt: »Das Gesicht ist die Ikone des Körpers, der Ort, an dem
sich die innere Welt der Person manifestiert. Das menschliche
Gesicht ist die subtile, aber trotzdem sichtbare Autobiografie
jedes Einzelnen ... Das menschliche Gesicht ist eine künstleri-
sche Leistung des Schöpfers. Auf so einem kleinen Raum kann
eine wahrhaft unglaubliche Vielfalt und Intensität geistig-see-
lischer Präsenz zum Ausdruck kommen.«[49]

Das Leben sehnt sich nach sich selbst

Wenn wir über Einssein im Kontext der geschlechtlichen Liebe nachdenken, bemerken wir, dass jenseits religiöser Bestrebungen alle Menschen diese Sehnsucht umtreibt. Platon erzählt in seinem »Symposion« einen Mythos, der diese Sehnsucht deuten will:

> Ursprünglich seien alle Menschen Kugelwesen gewesen, zusammengesetzt aus zwei Hälften mit zwei Gesichtern, vier Beinen und Armen und zwei Schamteilen. Mächtig und stark waren diese Menschen und eines Tages beschlossen sie, die Welt der Götter zu stürmen. Diese wollten die Menschen nicht töten, aber dennoch in ihre Grenzen verweisen. So teilte Zeus jeden Menschen in zwei Hälften und verringerte dadurch dessen Kraft. Von da an suchte jeder sehnsüchtig seine andere Hälfte. Der Mythos schließt mit den Worten: Das aber war es, »was der Mensch von jeher begehrte: vereint und verschweißt mit dem Geliebten, aus Zweien Einer zu werden. Daran ist schuld, dass unsere ursprüngliche Natur so war und wir ganz waren. Nun trägt die Begierde und die Jagd nach der Ganzheit den Namen Eros«[50].

Der Eros ist die Sehnsucht des Lebens nach sich selbst, die unser ganzes Sein, unseren Leib und unseren Geist, ergreift und hinreißt zum Gegenüber unserer Liebe. Eros drängt nach Vereinigung und will die Schwelle unserer Fremdheit überschreiten. In der körperlichen Vereinigung zweier Liebender feiert die uralte Weisheit unseres Körpers ihr eigenes Fest. Wenn sie dabei auf den Rhythmus der Seele achtet, wird die Frucht eine wunderbare Freude und Freiheit sein. Zwei Menschen, die sich in echter Liebe einander hingeben, sich ganz verletzlich machen und sich dem anderen mit allen Fasern ihres Seins öffnen, verschmelzen zu einem Sakrament der Wahrheit. Auch wenn dieser Moment flüchtig sein mag, ist er heilig. Heilig sein heißt ursprünglich: von Gott an einen besonderen Ort gestellt sein. Dieser Ort der intimen Öffnung und Vereinigung mit dem und der Geliebten ist den Niederungen unserer Normalität enthoben. Wenn wir diesen Ort der Einheit erreichen, erwartet uns dort ein Fest der Freude, der Ahnung, der Zuflucht und der Erfüllung. Doch wir können nicht ewig an diesem Ort verweilen – und ob wir ihn erreichen, liegt nicht in der Reichweite unserer Geschicklichkeit. Erneut werden wir in Distanz gehen zu unserem Partner und jeder kehrt zurück in die Welt seiner Persönlichkeit. Nur aus diesem Abstand heraus kann Eros neu entflammen und uns zurückführen in die Heiligkeit der Einheit. Anne Carson sagt: »Wenn kein Abstand gewahrt bleibt, erlischt das Begehren.« Eben darin besteht das Wunder der Liebe: Wir wollen eins sein mit unserem Geliebten und dennoch sind wir grundlegend anders. Nur aus diesem Anderssein kann Einssein geboren werden und wir sollten dankbar sein für beides.

Hölderlin beschließt sein Werk *Hyperion* mit dem Appell, »eins zu sein mit allem, was lebt«. Eins zu sein … ich denke, dass all unsere Anstrengungen, unser Trachten, unsere Verirrungen und unsere schrecklichen Umwege aus dieser einen Sehnsucht herauskommen: eins zu sein.

Licht und Finsternis

Der Ursprung aller Einheit liegt in Gott selbst. Das älteste Glaubensbekenntnis Israels drückt dies pointiert aus: »Höre Israel, der HERR ist unser Gott, der EINE« (5. Mose 6,4).

So leicht uns das einsichtig erscheint, so viele Probleme entstehen aus diesem Bekenntnis bei näherem Hinsehen. Als Israels große Leidenszeit im babylonischen Exil durch den Perserkönig Kyros beendet wurde, wurde der politische Befreier, der sich selbst als Inkarnation des Sonnengottes feiern ließ, auch von den Juden als Gottes Gesandter verehrt. Aber mit der

Dein Blick

durchdringt die Tiefen meiner Pupillen
und geht auf die Reise
zu mir
Deine Haut
atmet meine Poren
die offen sind
für jede Berührung
Deine Hände
tanzen auf mir
ein zartes Lied
und
in der Wildheit
unserer Herzen
entdecken wir
unter Tränen
unseren weiten Horizont
der glühend leuchtet
und uns aus der Enge fort trägt
in das Land
in dem die Liebe
auf uns wartet
und wir eins
und doch zwei sind

Mit geöffneten Armen
empfängt uns das Leben

Wir schwimmen hinein.

Anja Erz-Holschuh

neu gewonnenen Freiheit ging eine große Bedrohung einher: Der Befreiung durch die Perser folgte der Einfluss der persischen Religion des Zoroaster. Hier wurde die Welt ganz streng geteilt in ein Reich des Lichts und ein Reich der Dunkelheit. Der Mensch stand zwischen den beiden sich widerstreitenden Gottheiten des Ahura Mazda und Ahriman. Das Schlachtfeld der beiden göttlichen Mächte war das menschliche Herz selbst. Sosehr uns das psychologisch einleuchten mag, so sehr widersprach diese Weltdeutung dem grundlegenden Glauben Israels: Alles kommt von Gott, dem Einen. Um diese Erkenntnis zu retten, formuliert der zweite Jesaja geradezu anstößig:

> Ich bin Gott, und außer mir ist keiner.
> Ich mache das Licht und ich bilde die Finsternis.
> Ich gebe Frieden und ich schaffe das Unheil.
> Ich bin Gott, der alles tut.
>
> *Jesaja 45,6–7*

Welche unerhörten Worte! Sollten die unerträglichen Fratzen der Peiniger, die gequälten Gesichter der Geschundenen, ja die schwarzen Abgründe, die sich nicht nur durch die menschliche Geschichte, sondern durch die ganze Schöpfung ziehen, aus Gottes Willen selbst kommen? Wenn Gott Kraft und Ursprung allen Seins ist, dann muss auch der Schatten, das Dunkel, die unheimlichen Mächte der Zerstörung aus ihm kommen. Das Gegenteil zu denken, den »lieben Gott« zu retten und das Böse lieber einer antigöttlichen Gegenmacht in die Schuhe zu schieben, war – und ist – eine so große Denkversuchung, dass die Einheit Gottes schier unzumutbar in den Klageliedern Jeremias beschworen wird:

> Wenn man alle Gefangenen auf Erden unter die Füße tritt,
> eines Mannes Recht vor dem Allerhöchsten beugt und eines
> Menschen Sache verdreht – sollte Gott das nicht sehen?
> Wer darf denn sagen, dass solches geschieht
> ohne Gottes Befehl,

und dass nicht Böses und Gutes komme
aus dem Mund des Allerhöchsten?

Klagelieder 3,34–38

Es mag uns wie ein Skandal erscheinen, so von Gott zu reden, wie eine große Ketzerei, die schrill in unseren Ohren klingt und die wir als unerhört abtun wollen. Aber es sind die Worte der Heiligen Schrift.

Allzu sehr schon haben wir uns gewöhnt an jene Teilung der Welt in Gut und Böse, die uns so einleuchtend erscheint. Unserem alltäglichen praktischen Urteil kommt sie sehr gelegen und oft erscheint sie ja auch als unverzichtbar: Ohne einen Begriff von Gut und Böse gäbe es keinen Rechtsstaat, keine Sicherheit, keinen Versuch, mit den anderen Völkern dieser Welt friedlich zusammenzuleben.

Ein Reich des Bösen?

Die Mystiker zu allen Zeiten haben trotz allem daran festgehalten: eine Welt, in der wir leben, ein Gott, von dem alles ist! Die Vorstellung von einem Teufel, der ein eigenes Reich voller Dämonen beherrsche und dessen Ziel die Vernichtung der guten Schöpfung Gottes sei, mag sich zwar ins christliche Denken eingebrannt und auf vielfältige, unselige Weise im kirchlichen Tun manifestiert haben. Sie ist aber zutiefst unbiblisch! Nirgendwo in der Heiligen Schrift ist der Satan ein Herrscher aus eigener Macht. Im Gegenteil: Er gehört zum Hofstaat Gottes und ist einer der Gottessöhne. Im Buch Hiob handelt er in Gottes Auftrag und hält sich strikt an dessen Anweisungen. Das hebräische Wort Satan kann man übersetzen mit Staatsanwalt: Vor dem Gericht Gottes tritt er auf als der Ankläger gegen den Menschen, dessen Sünde und Vergehen er in die Waagschale der Gerechtigkeit wirft. Was er tut, tut er mit Erlaubnis Gottes oder gar auf dessen Befehl hin.

Erst eine späte jüdische Legende von einem gefallenen Engel machte diesen »Beamten an Gottes Hof« zu einem Fürsten der Finsternis und zum Herrn der Hölle. Der Tübinger Theologe Eberhard Jüngel sagt: »Es gibt ein christliches Dogma, dass es eine Hölle gibt. Aber es gibt kein Dogma, dass da auch einer drinsitzt!«

Kommt also nun die Finsternis von Gott? Im ersten Johannesbrief heißt es schlicht: »Gott ist Licht und in ihm ist keine Finsternis« (1. Johannes 1,5). Und im berühmten Prolog des Johannesevangeliums steht: »In ihm war das Leben und das Leben war das Licht der Menschen. Und das Licht scheint in der Finsternis, und die Finsternis hat es nicht ergriffen« (Johannes 1,4–5).

Wie können wir nun diesen Widerspruch verstehen, oder zumindest aushalten?

Eines scheint mir klar: Wir können dies nicht logisch lösen. Wenn wir an eine dunkle Gegenmacht zum lichtvollen Schöpfer glauben, steht das Zeugnis der Bibel wider uns und wir verstricken uns in jenes schicksalhafte Schwarz-Weiß-Denken, das unsere Religionsgeschichte und unsere politische Geschichte durchzieht. Wenn wir das Dunkel aber als Teil des Wesens Gottes begreifen, handeln wir uns dann nicht damit ein höchst ambivalentes Gottesbild ein, einen willkürlichen Herrscher, von dem wir nie wissen, ob er sich uns nun gerade in Gnade oder Ungnade zuwendet, und dem wir hilflos ausgeliefert sind?

Wir können dieses Geheimnis nicht ontologisch lösen, also auf der Ebene des Seins begreifen. Aber wir können uns ihm von Christus her nähern. Und das wird ein seelsorgerlicher Weg sein. Wir sind gerufen, dem Gott zu glauben und zu vertrauen, wie er uns in Jesus Christus begegnet: Es ist nicht ein Gott, der auf dem fernen Thron seiner einsamen Majestät verharrt, sondern der herabsteigt, sich klein macht, verletzlich wird. Der das Leben mit seinen Menschen teilt. Der lacht und weint, feiert und leidet. Der die Ausgestoßenen und Verachteten zu sich an den Tisch lädt, und der schließlich selber verfolgt und ausgestoßen ist. Der leidet und stirbt.

Lichtvolle Gegenwart

Genau zu dieser Stelle in der Geschichte Gottes mit den Menschen gibt es eine kleine Notiz im ersten Petrusbrief, die zu einer mächtigen Vorstellung in der keltischen Welt wurde: Nach seinem Tod ist Christus hingegangen und hat den Geistern im Gefängnis gepredigt, heißt es in 1. Petrus 3,19. Die keltischen Christen haben dies so verstanden, dass Christus als gewaltiger Krieger in das Totenreich gestiegen ist und all die von der Macht des Todes befreit hat, die vor ihm gestorben waren: die Propheten und Patriarchen des Alten Testamentes und alle Gerechten und Glaubenden. Damit hat er selbst die Hölle, den Ort der absoluten Gottesferne, verwandelt und seine lichtvolle Präsenz an den Ort der tiefsten Dunkelheit getragen. Seitdem gibt es keinen gottlosen Ort mehr in dieser Welt, der nicht von Christus durchdrungen wäre.

Und so haben die Kelten, die durchaus beseelt waren mit einem kriegerischen Geist und als Naturvolk natürlich die lebensfeindlichen Mächte kannten, an der Einheit der Welt festgehalten und den Teufel als Gegengott vertrieben.

Entscheidend ist die Gewissheit, dass Christus nicht im Totenreich geblieben ist. In seiner Auferstehung glauben wir, dass Gott sich ein für alle Mal als Gott der Lebenden erwiesen hat.

Diese Gewissheit kann niemand beweisen, sie ist nicht zu verordnen und niemand kann sich in sie bergen, der nicht den Sprung des Glaubens über den Abgrund der Rätselhaftigkeit der Welt wagt. Und selbst wer dies tut, für den werden Fragen offenbleiben. Noch leben wir nicht im Schauen, sondern im Vertrauen. Jörg Zink sagt: »Der Glaube ist ein Sprung über einen Abgrund. Den Abgrund in uns selbst. Den Abgrund in unserer Welt. Den Abgrund in Gott. Oder vielmehr: kein

Sprung, den wir mit unseren eigenen Beinen schaffen könnten, sondern ein Flug in der Hand Gottes.«[51]

Die dunkle Nacht der Seele

Alle großen Mystiker kannten die Erfahrung der Gottesferne,
die Jesus selbst am Kreuz erlitten hatte. Sie nannten sie die
dunkle Nacht der Seele. In ihrem verzweifelten Suchen nach
dem verborgenen Gott oder in ihrem Ringen mit dem dunklen Gott hielten sie aber immer daran fest, dass Gott schließlich sein väterliches und mütterliches Antlitz zu uns wendet.
Ihre Hoffnung darauf haben sie – geradezu um Worte ringend
– in sprachlichen Paradoxen auszudrücken versucht. T.S. Eliot
sagt: »Sei still, sprach ich zu meiner Seele, und lass das Dunkel
über dich kommen. Es wird das Dunkel Gottes sein.« Und
Dionysios Areopagita: »Gott ist die überhelle Finsternis, die allen Glanz mit der Intensität ihres Dunkels überstrahlt.«
   Das apokryphe biblische Buch Jesus Sirach weiß um die
Dunkelheit der Seele und die verzweifelte Suche nach der
lichtvollen Gegenwart Gottes. Es rät:

> Wenn du Gott dienen willst,
> dann mache dein Herz bereit auf die Stunde,
> in der du meinst, du habest Gott verloren.
> Mache dein Herz fest und habe einen langen Atem.
> Verzweifle nicht zu schnell, wenn du dich verstoßen
> glaubst.
> Halte dich fest an Gott und lass ihn nicht los,
> damit du am Ende immer fester stehst.
> *Jesus Sirach, 2,1–3*

Es ist nicht ein Wissen, das uns dann tragen kann. Nicht gelehrte Gedanken noch weise Einsichten werden uns trösten.
Alles, was unserem Herzen bleibt, ist kindliches Vertrauen:

»Wir verlassen uns aber darauf, dass das Licht die Wirklichkeit wahrer spiegelt als alle noch so tiefe Finsternis. Dass unsere Zukunft vor allem nicht die Finsternis ist, sondern das Licht, das Gott ist und das wir sein werden.« [52]

In der dunkelsten Stunde

Selig ist, wer vertrauen kann. Es gibt aber Menschen, denen auf dunklen Wegen die Kraft ausgeht und die ihre Verzweiflung, sich umsonst nach Gott auszustrecken, nicht mehr ertragen können. Keiner von uns misst sich selbst das Maß seiner Leidensfähigkeit zu.

Meine liebe Freundin Christine, eine strahlende junge Frau und begnadete Sängerin, hat die dunkle Abwesenheit Gottes in ihrem Leben eines Tages nicht mehr ertragen. Sie suchte den Freitod.

Ich habe ihr damals einen Brief geschrieben, in der Hoffnung, dass meine lichtvollen Gedanken bei ihr ankommen:

Liebe Stine,
ganz lebendig steht mir dein Bild vor Augen: deine vertraute Gestalt, dein etwas scheues und so zärtliches Lächeln, deine so bemerkenswerten Augen mit ihrer Mischung aus Begeisterung und Vorsicht; und dann ist da deine Stimme – so kraftvoll und schön, so zart, so ganz du – eine Botschafterin deiner Seele.

Lebendig und farbig soll es bleiben, dieses Bild, und ich will es verwahren in meinem Herzen.

Aber mein Herz ist erschrocken und es will nicht glauben, dass du nicht mehr da bist;

dass allein dein Bild bleibt;

dass wir uns nicht mehr von Angesicht zu Angesicht ansehen können.

Zu groß, zu wundersam ist diese Wirklichkeit und ich will sie nicht wahrhaben. Aber ich werde mit ihr leben müssen.

Aber auch, wenn ich mich an deinem Lachen nicht mehr freuen kann und die Begegnung mit deinen Augen nicht mehr suchen kann, so bist du für mich nicht tot. Du lebst! Und ganz bestimmt lebst du in einem Land, in dem es mehr Licht für dich gibt, als diese Erde für dich gehabt hat.

In den finsteren Tälern und den tiefen Abgründen deiner Seele konnte ich dich nicht begleiten. Allein warst du dort – und wohl auch einsam. Zweifel mögen dich überfallen haben, wo denn Gott in alledem war – er, dem du dein Leben gegeben hattest, dem du vertraut hast – wo war Er eigentlich? Wo waren sein Stecken und Stab, als du eine Stütze brauchtest? Die Ungewissheiten wuchsen – und mit ihnen auch die Not und die dunkle Nacht deiner Seele.

Du sollst wissen, dass ich deine Entscheidung nicht verurteile – es war dein Weg, den du lange Zeit tapfer gegangen bist, bis deine Kraft zum Leben erschöpft war. Keiner von uns gibt sich sein Leben selber, teilt sich sein Wesen und das Maß seiner Belastbarkeit zu und entscheidet frei, welche Last er tragen will. Unser Leben, unser Licht und unsere Dunkelheiten, das alles kommt von Gott. Er ist der Ursprung von allem, was geschieht. Und dazu gehört auch die Dunkelheit, die einen so empfindsamen Menschen wie dich überfallen kann – und überwältigen. Und doch: Oft wird in der schwärzesten Finsternis das Licht geboren und in der längsten Nacht des Jahres feiern wir die Geburt des Gottessohnes – und so bin ich voller Hoffnung, dass in deiner dunkelsten Stunde sein Licht dich umhüllte und heimführte.

Also kein Urteil – und doch sind da Fragezeichen, die ich gegen mich selber richte:

War ich dir der treue Freund, den du gebraucht hast? Hätte ich dir nicht geduldiger zuhören können, deine Last besser mittragen? Hätte ich nicht deutlicher und unnachgiebiger darauf drängen sollen, dass du Hilfe suchst? Hätte ich dich aufrichtiger lieb haben können? Meine Ohnmacht stellt mir diese Fragen und ich werde sie nicht vorschnell beantworten. Aber ich bitte dich: verzeih mir, was ich an dir schuldig geblieben bin!

Eines tröstet mich und versöhnt mich mit dem Gott, den ich nicht verstehe: Dort, wo wir nicht bei dir sein konnten, wo du dich von Gott und der Welt verlassen gefühlt haben magst, in der Mitte deiner Nacht war der, der die Nacht der Welt am eigenen Leibe ertragen hat. Nicht, um den Sinn des Leidens zu erklären oder um schnelle Antworten auf unsere und deine bohrenden Fragen zu geben; er ist einfach da und hält deine Hand, und meine Hand und teilt unseren Schmerz, weil er ihn kennt. *»Give me your hand«*, hast du gesungen, »und ich werde dich an den Ort führen, wo ich dich haben will.« Welcher andere Ort könnte das sein, als die mütterliche und väterliche Umarmung Gottes?

Dort lebst du, Stine, und deine Stimme klingt voller und schöner als zuvor und dein Gesang erhebt sich mit den Chören der Engel und die Traurigkeit wird nicht mehr sein und kein Schmerz und kein Geschrei.

Dort bist du.

Dort – werden wir uns wiedersehen!

Der Brief an Christine endet mit einem Schimmer der Hoffnung. Aber manchmal ist unsere Nacht so schwarz, dass kein Schimmer sie zu durchdringen vermag. Wie können wir dann an diesem dunklen Ort aushalten, wie weiterleben? Wie können wir davor bewahrt bleiben, allen Glauben zu verlieren?

Der Weg ins Licht führt mitten durch die Dunkelheit hindurch. Unser Leben hat immer beides. Glück wartet an unwahrscheinlichen Orten. Ein Lied sagt: »In der Mitte der Nacht liegt der Anfang eines neuen Tages, und in ihrer dunklen Stunde blüht die Hoffnung.«

Das ist die Weisheit, die sich in die provokativen Worte der Bergpredigt kleidet. In den Seligpreisungen stellt Jesus die Welt auf den Kopf. Glücklich nennt er dort nicht die Reichen, Gesunden, die Schönen und Jungen und schon gar nicht die Mächtigen. Er sucht und findet das Glück auf den abwegigsten Pfaden:

> Glücklich sind die Armen. Reich sind sie in Gottes Welt.
> Glücklich sind, die das Leid schmecken.
> > Trost wartet auf sie.
> Glücklich sind, die ein sanftes Herz haben.
> > Sie sind Freunde der Erde.
> Glücklich sind, die Hunger und Durst haben nach
> > Gerechtigkeit. Satt sollen sie werden.
> Glücklich sind, deren Wesen Freundlichkeit ist.
> > Die Gesichter der Menschen sind ihnen zugewandt.
> Glücklich sind, die ein reines Herz haben.
> > Gottes Gegenwart ist für sie offenbar.
> Glücklich sind, die Frieden wirken.
> > Sie sollen Kinder Gottes heißen.
> Glücklich sind, die Verfolgung erdulden, weil sie die
> > Gerechtigkeit lieben. Ihnen steht Gottes Welt offen.
>
> *Übertragung von Matthäus 5,3–10 von Andy Lang*

Diese Worte entspringen nicht einer Romantik für Verlierer. Sie enthalten vielmehr ein Geheimnis, das Jesus an anderer Stelle benennt: Wer sein Leben erhalten will, wird es verlieren. Wer sich krampfhaft an die Sonnenseite klammert, wird verzweifeln. Wer aber die Nacht annimmt, wer das Dunkel aushält und den Mut hat, die Schattenseiten seines Lebens nicht zu bekämpfen, sondern anzunehmen, auf den wartet das Leben in seiner ganzen Tiefe, Weite und Fülle. Glück gelingt dort, wo wir uns für etwas einsetzen, das uns wichtiger ist als wir selbst. Solange unser eigenes Wohl, unsere eigene Leistung, unsere eigene kleine Welt das Zentrum unserer Sorge ist, werden wir kleinlich, ängstlich und voller Sorgen um uns bemüht sein. Sobald wir uns aber öffnen, dehnen, Anteil nehmen am Leben um uns herum, wird das Glück uns suchen.

Das Glück wagen

Betrachten wir das Bild einer stillenden Mutter: zwei unterschiedliche Wesen, die in diesem Moment dennoch eins sind. Durch Sorgen und Schmerzen hindurch hat sie ihrem Kind ins Leben geholfen. Was ist ihr Lohn für die Mühen der Schwangerschaft, die Gefahren der Geburt und die Zeichen, die ihrem Körper bleiben werden? Schlaflose Nächte, ständige Erschöpfung, körperliche Mattheit. In alldem aber verbirgt sich das Glück. Sich selbst hinzugeben, zu erleben, wie die eigene Kraft weniger wird, aber wie dafür neues Leben mit schier unendlichen Möglichkeiten entsteht, wächst, sich entfaltet.

Das meinen die Worte Jesu aus der Bergpredigt. Wagt, euch aufzugeben. Sucht euch nicht bei euch zu Hause. Findet den Mut der Hingabe. Die Frucht all dessen werdet ihr ernten: Ihr sollt Einheit erleben und in die immerwährende Verbindung eintauchen, die euch zu jeder Zeit umgibt. Nicht die Weisheit führt euch an diesen Ort. Nicht die genaue Beobachtung des Lebens und seine Analyse. Nur eure Hingabe an das Leben selbst ist euer Führer in die Einheit.

Der Philipperhymnus nennt diesen Weg Entäußerung, *Kenosis*. Gott selbst, so sagt dieses uralte Lied, ist diesen Weg gegangen. Er hat sich nicht mit himmlischen Gefilden und engelsgleichem Gesang zufriedengegeben. Die harte, nackte Erde hat ihn empfangen und er wurde Mensch. Weil wir nicht hinaufsteigen können zu ihm, kam er herab zu uns. Die Sehnsucht nach seinen Menschen war so stark, dass er ihr Leben annahm und teilte, bis

Du bist in allen Dingen,
an allen Seiten,
zu allen Zeiten.
Du bist über allen Dingen,
unter allen Dingen,
alle Dinge sind auf dich gegründet.
Du bist zuinnerst aller Dinge,
denn du bist aller Dinge innerster Kern
und verborgene Kraft und gibst ihnen ihr Wesen.
Du bist außerhalb der Dinge,
denn dich kann kein Ding begreifen
noch irgendeine Kreatur beschließen;
in dir sind alle Dinge beschlossen,
denn du bist aller Dinge Urbild
und lebendiger Bildhauer,
in dem je alles lebte,
was ist, oder war oder wird.
Du bist ihr Herr, du bist ihr Diener,
du bist ihr Vater, du bist ihre Mutter,
du bist ihr Kind,
du bist ihr Bruder,
du bist ihr liebender Gemahl.

David von Augsburg

zum Tod. An diesem dunklen Ort wurde er endgültig eins mit seinen Geschöpfen und das größte Wunder der Welt geschah: Der allmächtige Gott wird ohnmächtig, der ewige, unsterbliche Gott teilt das Los seiner Kinder. Und indem er dies tut, gibt es keinen noch so dunklen Ort mehr, an dem er nicht auch ist. Es gibt keinen gottlosen Tod mehr. Er ist in allem.

Wir spüren durch die Worte dieses Gebets genauso wie des Philipperhymnus hindurch: Wenn wir etwas Wesentliches von Gott sagen wollen, können wir es nur in scheinbaren Widersprüchen und Gegensatzpaaren: »Er, der in göttlicher Gestalt war, entäußerte sich selbst und nahm Knechtsgestalt an« (Philipper 2,6–7). »Du bist ihr Herr, du bist ihr Diener, du bist ihre Mutter, du bist ihr Kind.«

Die Gegensätze versöhnen

Auch unser Sein durchzieht eine Dialektik. Es ist eine seltsame Struktur unseres Lebens: Indem wir uns hingeben, wird uns alles geschenkt. Wenn wir lernen, loszulassen, werden wir mit vollen Händen empfangen. Wer sich selbst verschenkt, betritt den Raum des Glücks. Wer aufhört, recht zu haben, empfängt den Kuss der Weisheit. Wer Not, Mühe und Erschöpfung nicht scheut, empfängt die Fülle des Segens.

Eins sein geschieht, wenn die Gegensätze versöhnt werden. Wenn das Andere, das Fremde, das Ungewohnte in seinem Anderssein uns nicht mehr bedrohlich erscheint, sondern geliebt.

In Gott fallen alle Gegensätze zusammen. Was uns jetzt als Licht und Finsternis erscheint, als Liebe und Grausamkeit, als Himmel und Hölle, werden wir einst als großen Zusammenklang begreifen.

Ein großer Mensch, der durch seine analytische Genialität die Welt verändert hat, weiß von der noch größeren Macht der Gegengabe zu allem Sezieren, Erforschen und Ergründen:

171

Das herrlichste und tiefste Gefühl, das wir spüren können, ist die mystische Empfindung. Dort liegt der Keim jeder wahren Wissenschaft.

Derjenige, dem dieses Gefühl fremd ist, der nicht mehr von der Begeisterung ergriffen oder von der Ekstase hingerissen werden kann, ist ein toter Mensch.

Zu wissen, dass das, was undurchdringlich ist, dennoch existiert, sich als höchste Weisheit und strahlendste Schönheit manifestiert, die unsere stumpfen Fähigkeiten nur in äußerst primitiver Form wahrnehmen können, diese Gewissheit, dieses Gefühl steht im Kern jedes wahrhaft religiösen Sinnes.[53]

Albert Einstein

Staunen und Kind sein

Wie gelangen wir zu dem Gefühl der mystischen Empfindung? Wenn wir es doch nicht selbst erzeugen und auf Abruf herbeiwünschen können?

Ich glaube, der Weg zur mystischen Empfindung geht über das Staunen und über das Spiel.

Deswegen stellt uns Jesus die Kinder als Vorbild hin und sagt den unerhörten Satz:

Wenn ihr nicht werdet wie die Kinder, könnt ihr nicht in das Reich Gottes kommen.
Matthäus 18,3

Wer ein kleines Kind beobachtet, wie es selbstvergessen spielt und dabei völlig im Einklang ist mit sich und seiner Welt, wird eine Ahnung davon bekommen. Keinen Zweck verfolgen, Regeln neu erfinden, staunend die vielfältigen Möglichkeiten entdecken, die in den Dingen schlummern, Lust haben an der Improvisation und am Vergänglichen und schließlich:

andere mit hineinzunehmen in das heilige Spiel: Das wäre der Weg.

Wie viel Segen und welche Ströme des Glücks würden wir erleben, wenn unsere Gottesdienste wieder zu solchen Orten des Spiels, der Schönheit und des Staunens würden! Wir würden ein Fest feiern, zur Ehre Gottes und zum Ruhm seiner Menschen. Die Größe der Tradition würden wir neu entdecken, ohne uns an sie zu ketten. Uralte Gebete tanzten einen Reigen mit spontanen Bitten und Lobpreis, der im Moment geboren würde. Die Erhabenheit gregorianischer Gesänge wäre kein Gegensatz zum irdenen Rhythmus von Trommel und Didgeridoo. Gefüllte Stille verwandelte sich plötzlich in ausgelassenen Tanz. Es wäre Raum für Mystik und Ekstase, für Eros und Demut, für die Feier der Schönheit und für die Klage über die Zerrissenheit. Männer, Frauen und Kinder würden sich niederlassen zum Mahl und der Glanz des Weines würde sich in ihren Gesichtern spiegeln. Befreite und erlöste Menschen würden das Fest verlassen und an die Straßen und Zäune gehen, um die Gehetzten und Bedrängten auch zum Fest zu nötigen. Die Kirchen wären wieder heilige Orte, Orte zum Suchen und Finden, zum Kraft-Schöpfen und Kraft-Weitergeben, Orte der Schönheit und des Gebets, Orte der Hingabe und des Widerstands. Und Gott würde in ihnen wohnen und lächeln über das Spiel seiner Kinder. Bisweilen würde er sie an der Hand nehmen und mit ihnen tanzen und sie würden es nicht bemerken. Und die Worte Jesu würden endlich wahr:

Ich habe ihnen die Schönheit gegeben,
die du mir geschenkt hast,
damit sie eins seien, wie wir eins sind.

Johannes 17,22

EPILOG: DER EIGENE WEG

Unser eigener Weg beginnt vor unseren Füßen. Wenn wir es wagen, ihn zu betreten, wird er uns in die Weiten unseres Lebens führen. Die Tiefen und Abgründe gehören genauso dazu, wie die Gipfelerlebnisse und Stunden des ungetrübten Glücks. Ein erfülltes Leben ist kein Leben in Fülle. Es ist ein reiches Leben, das die Erfahrungen des Schmerzes, des Verlustes und der Einsamkeit genauso als dunkles Geschenk annimmt wie die Momente des Glücks, der Erfüllung und der Hingabe. Reich an Begegnungen, Erlebnissen und Verwandlungen dürfen wir zu Hause ankommen: zu Hause in unserem eigenen Leben, unserem Körper, unseren schöpferischen Potenzialen. So beschenkt beginnen wir, Freiheit zu atmen: uns als endliche Wesen mit beschränkten Möglichkeiten kennenzulernen, die zugleich begeistert sind von der Sehnsucht, über unsere Begrenzungen hinauszuwachsen und zu reifen.

Es ist ein lebenslanger Weg. Er ist wild und mühsam und zugleich unendlich verheißungsvoll und beglückend. »Dieser Weg wird kein leichter sein, dieser Weg ist steinig und schwer«, singt Xavier Naidoo und er hat recht damit. Als wir diese Welt betreten haben, hat uns niemand breite Straßen versprochen. Wie langweilig und monoton wirken sie gegenüber dem »schmalen Weg, der zum Leben führt« (Matthäus 7,14).

Ich freue mich, wenn ich mit Ihnen ein kleines Stück des inneren Weges gehen konnte. Und wenn wir uns dabei hineingedacht und gefühlt haben, dass unser Leben nie geradlinig und stromlinienförmig verläuft, sondern seine Besonderheit und seinen Reiz in den Widersprüchen, den Brüchen, aber auch den unverfügbaren Geschenken und Glücksmomenten erfährt. Leichte Antworten gibt es nur auf simple Fragen. Wer die echten, die lebensverändernden Fragen stellt, wird mit der Mehrdeutigkeit des Lebens belohnt.

Wer von der Frucht der Freiheit kosten will, muss Geduld haben, ihr beim Wachsen zuzusehen. Wir sollten Freiheit besser als einen Begriff der Entwicklung begreifen, weniger als eine Beschreibung eines Zustandes. Wir sind zur Freiheit gerufen. Und das wird heißen, dass wir in sie hineinwachsen sollen. Ich möchte meine Gedanken mit einem Zuspruch beenden:

Deine Freiheit wird dich an den Ort führen, an den du gerufen bist: der Ort, an dem du deine Bestimmung leben kannst und an dem du beginnst, von innen zu strahlen. So wirst du die Welt verwandeln – deine Welt, unsere Welt.

SEGEN DER FREIHEIT

Wie der Adler seine Schwingen erhebt
Und seinen gefiederten Körper
in die Wildheit des Windes wirft
Ausgespannt zwischen Himmel und Erde
Zu beiden gehörend und beide lobend mit der Anmut
    seines Fluges
So mögest du erwachen zur Weite deiner Freiheit,
die dort beginnt, wo du dich fallen lässt.

Wie die Brandung des Ozeans sich erhebt
Gegen die Definitionen der Kontinente,
beständige Wogen, sich füllend und fallend
entziehen sich dem Drang nach Form und Konkretion
So mögest du offen bleiben
Für das ständig neue Leben,
das sich sehnt nach dir
in ihm zu sein.

Wie der Mutterboden der Erde fest gegründet ist,
dunkel in seinem Geheimnis
fruchtbar in seiner Tiefe,
einsam in seinem Schweigen
dich gebärend und zurückfordernd
so mögest du beständig sein
in deiner Bewegung
hin zu dir selbst.

Andy Lang

Anmerkungen

1 Charles Dickens, Weihnachtsmärchen, München 1977, 14

2 vgl. ebd. 28

3 zitiert nach Manfred Wester, Einübung ins Glück – in Irland entdeckt, © Burckhardthaus-Laetare-Verlag, Offenbach, 2. Auflage 1993, 101f.

4 John O'Donohue, Anam Cara. Das Buch der keltischen Weisheit. Aus dem Englischen von Ditte und Giovanni Bandini. © der deutschsprachigen Ausgabe: 1997 Deutscher Taschenbuch Verlag, München, 154

5 ebd., 183

6 Jörg Zink, Alles Lebendige singt von Gott, Stuttgart 1982, 15

7 Manfred Wester, a.a.O., 79

8 Jörg Zink, a.a.O., 3

9 John O'Donohue, Schönheit.Das Buch vom Reichtum des Lebens. Aus dem Englischen von Sabine Hübner. © der deutschsprachigen Ausgabe: 2004 Deutscher Taschenbuch Verlag, München, 81f.

10 ebd., 82

11 zitiert nach John O'Donohue, ebd., 95

12 erzählt nach Peter Aschoff, Licht der Sonne, © R. Brockhaus, Wuppertal 2006, 60–61

13 John O'Donohue, Schönheit (genaue Angabe s. Anm. 9), 96

14 Jörg Zink, Alles Lebendige singt von Gott, 24

15 John O'Donohue, Schönheit (genaue Angabe s. Anm. 9), 82

16 Eberhard Jüngel, zitiert nach Ev. Gesangbuch, Ausgabe für Bayern und Thüringen, 213

17 Ernesto Cardenal, Das Buch von der Liebe, Peter Hammer Verlag, Wuppertal, Neuausgabe 2004

18 zitiert nach Manfred Wester, Einübung ins Glück, 13

19 Peter Aschoff, a.a.O., 80

20 Esther De Waal, The celtic way of Prayer. The recovery of religious imagination, New York, 1997, 74, deutsch zitiert nach Aschoff, a.a.O., 81

21 zitiert nach Peter Aschoff, a.a.O., 83

22 Jörg Zink, Dornen können Rosen tragen, Freiburg 2009, 68

23 John O'Donohue, Anam Cara (genaue Angabe s. Anm. 4), 231

24 Marie Noël, Erfahrungen mit Gott, © Matthias-Grünewald-Verlag, Mainz 2005

25 Khalil Gibran, Der Prophet, dtv 2002, 94

26 John O'Donohue, Echo der Seele. Von der Sehnsucht nach Geborgenheit. Aus dem Englischen von Ditte und Giovanni Bandini. © der deutschsprachigen Ausgabe: 1999 Deutscher Taschenbuch Verlag, München, 246

27 John O'Donohue, a.a.O., 247

28 John O'Donohue, a.a.O., 244

29 Manfred Wester, a.a.O., 9

30 ebd.

31 Spiegel 4/2010, 109

32 Ulrich Schaffer, Aus der Enge in die Weite, Lahr 2006, 32

33 John O'Donohue, Echo der Seele (genaue Angabe s. Anm. 26), 146

34 Ulrich Schaffer, Handbuch der Mutigen, Stuttgart 2006, 51

35 Max Frisch, Tagebuch 1946–1949, Frankfurt/Main, 1985

36 Jörg Zink, Wie die Farben im Regenbogen, Stuttgart 1986, 201

37 Ulrich Schaffer, a.a.O., 78

38 Jörg Zink, Liebe ist ein Wort aus Licht, Stuttgart 1985

39 Horst Bracks, CD Dünne Haut, www.horstbracks.de

40 Jörg Zink, Dornen können Rosen tragen, 338

41 Ulrich Schaffer, Unterwegs, Stuttgart 1994, 167

42 zitiert nach John O'Donohue, Anam Cara (genaue Angabe s. Anm. 4), 228

43 zitiert nach ebd., 229

44 vgl. ebd., 241

45 Jörg Zink, Dornen können Rosen tragen, 340

46 erzählt nach John O'Donohue, Anam Cara (genaue Angabe s. Anm. 4), 232

47 Quelle nicht zu ermitteln

48 Aus: Henri Nouwen, In einem anderen Licht. Von der Kunst des Lebens und Sterbens, hg. von Andrea Schwarz. © Verlag Herder GmbH, Freiburg im Breisgau 2006, 60–62.

49 John O'Donohue, Anam Cara (genaue Angabe s. Anm. 4), 57, 56

50 Platon, Symposion, Reclam 1979, 60

51 Jörg Zink, Dornen können Rosen tragen, 234

52 ebd., 243

53 zitiert nach ebd., 316

54 Quelle nicht zu ermitteln, zitiert nach Zink, a.a.O., 16

Anmerkung des Verlages:

Alle Bibeltexte sind entnommen: Lutherbibel, revidierter Text 1984, durchgesehene Ausgabe in neuer Rechtschreibung, © 1999 Deutsche Bibelgesellschaft, Stuttgart

Wir danken den Verlagen und Rechteinhabern für die Erteilung der Abdruckgenehmigungen. Bei einigen Texten war es trotz gründlicher Recherchen nicht möglich, die Inhaber der Rechte ausfindig zu machen. Honoraransprüche bleiben bestehen.